언월딩

언월딩: 아마존에서 배우는 세계 허물기

김한민 지음

1판 1쇄 발행 2025년 7월 15일

발행. 워크룸 프레스
편집. 박활성, 박새롬
디자인. 워크룸
제작. 세걸음

워크룸 프레스
서울시 종로구 자하문로19길 25, 3층
전화. 02-6013-3246
wpress@wkrm.kr
www.workroompress.kr

ISBN 979-11-94232-13-1 04080
979-11-89356-56-9 (세트)
값 17,000원

이동시 총서 2
언월딩: 아마존에서 배우는 세계 허물기
김한민

워크룸 프레스

서문

이타카를 향해 떠날 때
기도하라 너의 여정이 길어지기를[1]

나의 이타카는 아마존이다. 나는 아마존에서 태어나지 않았지만, 늘 잃어버린 고향에 돌아가는 마음으로 그곳을 향했고, 그 여정은 언제나 충분히 길었다.

긴 여행은 이상하다. 환상을 품지 않고는 못 떠난다. 목적지에 도착하기 전에 생기는, 자신도 모르게 품게 되는 환상이 있다. 긴 여정 동안 겪을 고생을 견디려면 넉넉한 양의 '환상 주사'가 필요한 건지도 모르겠다. 아무런 환상도 없이 긴 여행을 떠나는 사람이 있을까? 아무래도 좀 비인간적으로 느껴진다.

문제는 마침내 목적지에 다다랐을 때 그 환상이 변모한다는 점. 그것이 오해와 선입견에서 비롯했든, 공상이나 거짓 혹은 낡은 정보 때문이든, 머릿속에 자리 잡은 환상은 당신이 눈앞의 현실을 마주하는 것을 방해하기 시작한다. 무엇보다 환상은 실망을 야기한다. 우리를 배신하는 건 현실이 아니라 우리가 멋대로 데리고 온 환상이다. 혹은 우리를 데리고 온 환상이든가. 누가 누굴 데려왔든, 이제 환상은 일말의 도움도 안 되는 애물단지로 전락한다. 깨부숴야 할 적이 된다.

광활한 아마존은 시베리아나 사하라사막, 남극 등 다른 광대

---

[1] 콘스탄티노스 페트루 카바피스의 시 「이타카」(Ithaca, 1911) 첫 구절. 이타카는 그리스신화의 영웅 오디세우스의 고향이다. 트로이전쟁에서 그리스군을 승리로 이끈 오디세우스의 험난한 귀향길은 무려 20년이 걸린다.

한 지역처럼 환상을 싹틔우기에 더없이 적절한 토양이다. 이야기와 신화의 형태로 덧씌워진 아마존에 대한 환상은 우리에게 고정관념에 가까운 이미지를 심어준다. 재규어와 분홍돌고래, 아나콘다가 우글거리는 열대의 낙원, 문명의 때가 타지 않은 고립된 계곡의 원시 부족과 아직도 행해지는 식인 풍습, (뉴스의 환경 칼럼을 눈여겨보는 사람이라면) 머리에 깃털 장식을 꽂고 석유와 금, 광물을 갈취하는 다국적기업에 맞서 맹렬히 저항하는 원주민 '생태 전사', (반환경주의자라면) 놀라운 번영과 사업 기회를 약속하는 천연자원의 노다지, (우울증에 시달리는 사람이라면) 환각과 치유 효과로 급부상 중인 묘약 아야와스카의 성지…. 모두 아마존과 관련된 대중적인 이미지들이다. 아마존에 관한 좀 더 이론적인 문헌을 접해본 사람이라면 국가 형성에 반하는 아나키스트 사회를 이루고 살아가는 아메리카 원주민에 관해, 혹은 동물들이 자신을 인간으로 여긴다는 '관점주의'(perspectivism), 혹은 세계를 (다양한 문화를 가진 하나의 자연이 아니라) 다양한 자연을 가진 하나의 문화로 보는 '다자연주의'(multinaturalism)에 대해 들어봤을 수도 있다.

이 모든 이국적 이미지들의 지류는 하나의 거대한 강으로 수렴한다. 바로 지구에서 가장 급진적인 타자성(Otherness)이 보전된 '궁극의 보고 아마존'이라는 이미지로 말이다. 단조로운 회색 도시에 사는 많은 이들이 솔깃할 만도 하다. 이국적인 남미의 정글이 급진적 타자성을 대표하지 않는다면 무엇이 그럴 수 있겠는가. 사실, 아마존에 접근하는 과정에서 이런 이미지를 완전히 피할 방법은 없다. 내 원주민 친구가 말했듯 "아무런 의도 없이 여기까지 오는 사람은 없다." 항공 인프라가 발전하고 해외여행이 늘어나면서 아마존으로 가는 길은 역사상 어느 때보다 편해지긴 했지만, 여전히 거리는 엄청나게 멀고 여비는 믿을 수 없이 비싸다. 일말의 환상 없이는 그만큼의 '대가'를 치를 마음을 먹기란 어렵다.

하지만 막상 아마존 땅을 밟고, 그곳에 사는 사람들과 교류하고, 공기와 냄새를 접하고, 모든 것을 직접 경험하고 나면 환상은 썰물처럼 빠져나간다. 그곳 역시 누군가의 삶의 터전일 뿐이다. 상당한 시간과 돈을 들여 정글 탐험에 나서봐야 시끄러운 호아친이나 일광욕하는 거북이(혹은 거북이처럼 보이는 강가의 나무둥치) 정도를 볼 뿐, 재규어는 발자국조차 쉽사리 발견하기 어렵다.

원주민 역시 '급진적 타자'처럼 보이지는 않는다. 국가에 딱히 반대하지도, 자연과 완벽한 조화를 이루며 살아가지도, 우리와 그렇게 다른 것 같지도 않다. 겉으로 보이는 그들의 모습부터 예상을 빗나간다. 많은 아마존 원주민들은 다른 현지인들처럼 입고 먹으며, 우리와 마찬가지로 스마트폰에 빠져 산다. 1960-70년대 아마존을 방문한 인류학자들을 홀렸던 원주민들의 신비한 밤의 노랫소리 대신 시끌벅적한 인스타그램 릴스 소음, 혹은 빵빵한 스피커에서 흘러나오는 브라질풍 뽕짝 포호(forró)를 듣고 있자면 당황하지 않을 도리가 없다. 어느 순간, '현타'가 온다. 그 많다던 '타자성'은 대체 어디에 있는 건가? 나는 무엇 때문에 이렇게나 멀리까지 왔나.

그렇다면 이건 환상으로 시작해서 환멸로 끝나는 하고많은 이야기 중 하나에 불과할까? 서둘러 결론짓지는 말자. 이타카로 향하는 긴 여정은 여기서부터 시작일 수도 있으니까. 바로 환상이 산산조각 난 곳에서 말이다. 환상은 여기까지 나를 데리고 온 것으로 소임을 다했고, 난 이제 홀로 남겨졌다. 마음을 다잡아본다. '기억하자. 여기에 온 것은 어디까지나 나의 선택, 온전히 내 몫이야. 이제부터 나를 움직일 힘을 만들어내는 일은 전적으로 내게 달렸어. 그렇지 않으면 곧 짐 쌀 일밖에 남지 않을 거야.'

인류학 연구자로서 내가 아마존에 머문 시간은 그리 길지 않다. 지난 10여 년간 페루, 에콰도르, 볼리비아, 그리고 주로 브라질을 거쳐

열한 차례 아마존을 방문했지만 실제로 머문 시간은 다 합쳐도 1년 남짓일 것이다. 인류학에서는 짧은 기간이다. 영국 인류학자 브로니슬라브 말리노프스키가 파푸아뉴기니의 트로브리안드 군도에 있는 한 부족 마을에 2년간 머물며 놀라울 정도로 치밀한 민족지학 연구를 수행한 이래, 2년이란 시간은 한 공동체의 언어를 배우고 제대로 이해하려는 문화기술지 연구자에게 한동안 암묵적인 기준으로 통했다.[2]

물론 시간이 훌륭한 이해를 보장해 주는 것은 아니다. 중요한 것은 시공간적 경험의 강도와 그 영향이다. 나는 아마존과 그곳 사람들을 충분히 이해한다고 말할 수 없고, 전문가라고 주장할 생각도 없다. 그러나 내가 확실히 말할 수 있는 건, 아마존에서 보낸 시간이 나에게 미친 강렬한 영향이다. "평온 속에서 회고한 자연스럽게 흘러넘치는 강력한 감흥"이라는 윌리엄 워즈워스의 시에 대한 정의를 빌리자면, 나는 지금도 그런 감흥을 느끼곤 한다. 다만, 평온이 아닌 어떤 불편함 속에서. 아마존 숲이 지금 이 순간에도 무참히 파괴되고 있음을 알기 때문이다. 그뿐만이 아니다. 내가 초기에 품었던 환상을 떠올리면 지금도 얼굴이 화끈거린다. 얼마나 속수무책으로 순진했던가!

나의 착각은 무엇이었을까? 앞서 언급한 여럿 말고도 많았다. 그중 정말 큰 착각은 두 가지다. 첫째, 나는 이곳에서 '반자본주의 사회'를 찾을 수 있으리라 기대했다. 아마존에 관한 책들을 섭렵하면 할수록, 내가 찾던 모든 것이 아마존 원주민 공동체에 있을 것만 같았다. 반자본, 반국가, 반축적, 반노동, 반위계(무정부주의와 유사한), 반인간중심주의, 반개발, 반현대, 반서구, 심지어 반의복… 반인간까지는 아니더라도 근대인을 '넘어서는' 주체를 찾을 수 있으리라

---

[2] — 원래 그는 그만큼 오래 머물 계획이 아니었지만 1차 세계대전이 발발하는 바람에 발이 묶여 그 시간 동안 연구에 전념하게 되었다.

고 가정했다. 동시에 나는 '원주민은 숲의 수호자'라는 서사를 받아들였다. 이런 테제들이 모두 착각이거나 거짓이라고 말하려는 것이 아니다. 그렇지만 전적으로 진실이라고 하기도 어렵다. 답은 그 사이 어딘가에 존재하는 듯하다. 나는 책 전반에 걸쳐 이 지점으로 거듭 돌아올 것이다.

더 커다란 두 번째 착각은 아마존이나 아마존 사람들이 아닌 나 자신에 관한 것이다. 고백하자면, 나는 아마존이라는 걸 '구할' 수 있다고 생각했다! 하지만 아마존은 개인은 물론 인간이 구하고 말고 할 수 있는 대상이 아니다. 더구나 그곳에 살지도 않는 사람이 구함을 논하는 건 허영일 뿐이다. 다만, 아마존의 일부를 약탈이나 벌채, 파괴로부터 막으려고 싸우는 이들에게 작은 기여를 할 수는 있다. 아마존이라는 세계에서 가장 큰 열대 숲이 위기에 처해 있으며, 현재의 파괴적인 흐름을 되돌리려면 전 세계가 힘을 합쳐 가능한 모든 방법을 강구해야 한다는 나의 믿음에는 변함이 없다. 변화를 만들기에 아직 늦지 않았다고 믿는다. 그렇지 않았다면 이 책을 쓸 필요도 없었을 것이다.

동시에 나는 아마존에 필요한 우리의 관심과 지지, 행동을 지속시키는 유일한 방법은 우리의 기여가 어떻게, 그리고 어디에서 이뤄질 수 있는지 이해하는 데서 출발한다고 생각한다. 즉 우리는 '있는 그대로'의 현실을 직시해야 한다. 그런 현실이 과연 실재하느냐에 대한 사변적 논생보다 중요한 것은 '얼마나 가까이 문제의 핵심에 다가갈 수 있는가'이다. 이 핵심에 내가 가장 근접했다고 느꼈던 때는 아이러니하게도 실수를 저지른 다음, 그것을 깨끗이 인정하고 다르게 접근해 보려고 시도했을 때였다. 이 책은 그 시행착오의 기록, 아마존에 대한 환상뿐만 아니라 반환상에도 맞서 분투한 결과물이다.

아마존으로 향하는, 때로는 위태로울 이 여정이, 함께 떠나는 길이길 바란다. 그런 마음을 담아 정중히 초대한다, 나의 이타카로.

언제나 이타카를 네 마음에 품어라,
넌 그곳에 도달할 운명이니.
그러나 절대 길을 서두르지 마라.
수년이 걸려서 네가 그 섬에 도착할 때
노인이 되어 있다면 오히려 좋다.
이타카가 널 부자로 만들어주길 기대도 안 했는데
길 위에서 얻은 모든 것들로 이미 풍요로워졌으니.

이타카는 너에게 엄청난 여행을 선사했다.
그게 아니었다면 넌 출발도 안 했으리라.
이제 이타카는 더 이상 네게 줄 것이 없다.[3]

---

3 — 콘스탄티노스 페트루 카바피스, 「이타카」, 3, 4연.

	서문	5
1장	언월딩	13
2장	사람들	18
3장	반교훈	22
4장	세상의 끝?	28
5장	전쟁의 이름	42
6장	이파지 세계로서 숲	52
7장	숲은 어떻게 저항하는가	66
8장	내가 환경이다	89
9장	유산	103
10장	아마존 대 아마존	113
11장	길, 있음 혹은 없음	120
12장	리서치는 그만	134
13장	얽힘에는 둘이 필요하다	146
	맺음말	161
	참고 문헌	165

1장
언월딩

이 시대의 많은 사람들이 종말을 목도하고 있다는 인상을 받는다. 적어도 우리가 아는 세상의 종말 말이다. 종말을 둘러싼 신화적, 종교적 상상은 고대로부터 존재해 왔지만, 이번에 '끝장'에 관해 이야기를 꺼낸 당사자는 다름 아닌 과학이다. 과학자들이 나서서 기후를 포함한 전 지구적 생태 위기를 알리며, 이대로 가면 '끝'이 올 수 있다고 경고하고 있다.

확실히 이상한 시대다. 끝장의 가능성을 심각하게 받아들이는 사람 중에는 정치적으로 좌파에 속한 사람이 더 많은 것 같다. 반면 우파―전통적으로 종말을 뒷배로 삼았던 종교적 신앙심을 가진 사람들과 느슨히 겹치는―성향의 사람들은 이런 경고를 '공포심을 조장'하는 수사라고 일축한다.

정치적 입장을 떠나 모두가 공유하는 일반적인 '마지막'에 관한 감각은 대개 개인적인 차원에서 환기되곤 한다. 갑자기 닥친 사고나 가까운 이의 죽음, 처참한 실패… 살다 보면 모든 것이 무너지는 듯한 절망에 빠질 때가 있다. 그리고 모든 사람은 일생에 한 번쯤 '세상의 붕괴'와 맞먹는 싱징통을 경험한다. 헤르만 헤세가 『데미안』에서 말했듯 태어나려고 하는 자는 하나의 세계를 파괴하지 않으면 안 되니까. 그러나 이 역시 개인의 수준에서 일어나는 일이고, 은유일 뿐이다. 성장의 시기를 거쳐 어른이 되면, 그러니까 세상과 영합한 이후로는 '세계의 끝'은 먼 얘기가 된다. 우리는 모두 언젠가 죽겠지만 세상은 그렇지 않다. 간혹 큰 재난이 발생하기도 하지만 그건 비극적 참사일 뿐 세상의 대단원은 아니다. 흔한 말로, 무슨 일이 일어나든 세상은 계속 돌아간다.

그렇다. 우리는 세상의 끝이 어떤 것인지 잘 모른다. 이 점에 있어서 우리는 초보, 문외한이나 다름없다. 종말에 대한 우리의 상상력은 빈곤하고, 따분하며, 근시안적이다. "세상은 망했어"라는 말은 호들갑처럼 들릴 뿐이다.

그런데 잠깐, 지금 내가 계속 언급하는 '우리'는 누구를 말하는 걸까. 이 책에서 내가 말을 거는 대상 말이다. 도시에 사는 사람인가? 독서를 좋아하고, 교육 수준이 높고, 소위 1세계나 2세계 혹은 북반구에 사는 독자일까? 글쎄, 다양한 방법으로 묘사할 수 있겠지만 내가 상정하는 독자를 최대한 아우르려면 새로운 범주를 도입하는 편이 나을 듯 하다. '단일 세계(one-world world)에 속한 사람들'이라고 규정하면 어떨까. 사회학자 존 로가 제안한 단일 세계라는 개념은 "그 자체로 배타적이고, 그 세계 너머의 가능성을 차단하며, 세상은 단 하나여야 한다는 개념을 체화"한다.[4]

우리에게 익숙한 많은 것들이 이 단일 세계를 지탱하고 있다. 과학, 기술, 근대성, 합리성, 진보, 수학, 물리학, 통계, 실증주의, 법, 질서, 화폐가치, 경제성장, 주식시장, 상품… 모두 우리가 잘 아는 세상을 구성하는 것들이고, 나 역시 이런 '우리'의 일부다. 이 책은 대부분의 독자가 이런 단일 세계의 존재론적 조건을 공유한다는 전제 하에, 다음을 목표로 쓰였다. 언월딩을 통해 단일 세계로부터 벗어나기. 그리고 단일 세계를 다중 세계로 전환하기.

물론, 이는 지난한 과제다. 우리가 발 딛고 선 단일 세계는 너무나 단단해 보여서 다른 선택지나 탈출구를 상상하기 어렵기 때문이다. 비교적 최근 역사에서 단일 세계가 취약한 모습을 보였던 국면

---

4 — Marisol de la Cadena and Mario Blaser, eds., *A World of Many Worlds* (Duke University Press, 2018), 3; John Law, "What's Wrong with a One-World World," *Distinktion: Journal of Social Theory*, vol. 16, issue 1 (2015): 126-139 참조.

이 몇 번 있었다. 세계대전, 기근, 원자폭탄, 금융 위기, 팬데믹, 새로운 전쟁들…. 그러나 그런 험악한 시기에도 단일 세계 '전체'가 무너질 수 있다고 생각한 사람은 극소수에 불과하다. 19세기 이래 지금까지 닥친 지극히 암울한 몇 순간을 제외하면 현 체제는 끝날 기미를 보이지 않는다. 아무도 이 체제가 완벽하다고 주장하지는 않지만, 적어도 '관리 가능한' 상태에 있다고들 믿으며 살아간다. 최근에 와서야 비로소, 어쩌면 '관리 불능' 상태가 올 수도 있다는 사실에 차츰 직면하게 된 것이다. 지구, 자연, 행성, 환경, 생태, 대기 혹은 가이아… 그게 뭐든 간에 유구한 시간 동안 충직하게 우리의 생명 활동을 떠받쳐 온 저변에 우려할 만한 균열이 생기기 시작했다. 바로 붕괴가 의심되는 조짐들이다. 파멸로 이어질 것만 같은 연쇄적인 생태 시스템 붕괴가 일어나고 있다. 기후 변화, 지구온난화, 빙하 소멸, 해양 산성화, 6차 대멸종, 대규모 삼림 벌채와 사막화… 일부러 귀를 막지 않는 이상 들어보지 못한 사람은 없을 것이다. 새삼스레 설명이 필요 없을 정도로, 원한다면 누구나 찾아볼 수 있을 만큼 정보는 넘쳐난다.

지구에서 무슨 일이 일어나고 있는지 우리는 알고 있다. 일부는 이대로 가면 인류가 머지않아 막다른 길에 봉착하리라는 사실도 잘 알고 있다. 동시에, 그런 결말을 피하려면 무엇을 해야 하는지에 대한 정보도 충분하다. 세부적으로 들어가면 복잡할지 몰라도 전반적인 해결책은 선명하게 제시되어 있다. 화석연료 사용 중단, 온실가스 감축, 생물다양성 보존, 해양생태계 파괴 중지 등… 초등학생도 이해할 수 있을 정도로 간단하다.(아이들이 수업을 거부하며 기후시위에 나선 건 그래서 너무도 자연스러운 일이다.) 그럼에도 대부분의 우리는 아무런 변화 없이 매일 살아간다. 마치 현 상태를 선호하기라도 하듯이 말이다.

왜 우리는 이 위기에 반응하지 않을까? 왜 행동에 나서지 못할까? 이 모순을 제대로 해명하려면 책 한 권이 필요하겠지만, 사실 이유는 간단하다. 이 위기에 관해 알면 알수록 작은 변화가 아니라 근본 원인을 해결할 실질적인 전환, 특단의 조치가 필요하다는 결론에 다다를 수밖에 없는데, 이 결론의 규모와 무게에 압도되기 때문이다. 그래서 어찌 해볼 생각도 못 하고 제 발등을 찍는 결과가 닥치더라도 경고를 외면하는 방향을 택하고 있는 것이다.

어떤 사람들은 소소한 개선이나 실천에 만족한다. "그나마 걸음마는 떼지 않았느냐"며. 그러나 온 인류가 힘을 모아도 부족한 판에 걸음마 운운하는 것은 아기에 대한 모욕이자 자기기만에 불과하다. 우리에게는 담대한 도약이 필요하다. 에너지, 생산, 운송, 식량, 건강, 사회보장, 노동 등 전 분야에서 패러다임의 전환을 가져올 대담한 시도들 말이다. 흥미롭게도, 이런 변혁적 시도들은 대부분 '언-하기'(undoing)와 관계 있다. 그게 뭐냐? 영어의 부정 접두사 '언'(un-)과 국어의 '안'의 발음이 비슷하면서도 구별된다는 점에 착안해 이 책에서 제안하는 신조어다. 언-하기는 '안 하기'(not-doing)와 같으면서도 다르다. 단순한 안 하기도 포함되지만, 무언가 취소하거나, 되돌리거나, 복구하거나, 해체하거나, 다르게 하기 위해 상당한 '함'이 요구되는 행위까지 포괄하기 때문이다.

언-하기의 시작은 일단 무언가가 행해졌음을 깨닫는 것이다. 동시에 그 무언가가 다르게 행해질 수도 있음을 깨닫는 것이다. 다시 말해 만물은 그렇게 될 수밖에 없는 본질적 속성을 지닌다는 관념(소위 '본질주의')에서 벗어나는 것이다. 우리는 많은 것을 언-할 수 있고, 어떤 경우에는 언-해야만 하며, 얼마든지 달라질 수 있음을 깨달아야 한다. 인류세건, 자본세건, 무엇이라 부르든 간에 이 역사적 국면에서 우리는 단일 세계를 구성하는 산업화된 물질문화와 '찬란한' 진보가 심각한 생태적 파국을 초래하고 있음을, 현 세계를 구축하는 대가로 너무 많은 것들이 형편없이, 성급하게, 게다가 불공평하게 이뤄졌음을 알게 되었다. 이것들을 이제 원점부터 재고해야 한다. 많은 것들을 언-만들고, 언-생산하고, 언-판매하고, 언-소비하고, 언-구축하고, 언-조직하고, 언-투자하고, 언-발명하고, 언-욕망해야 한다. 아주 많은 것들을 말이다. 생존과 번영을 원한다면, 단일 세계의 구조가 변할 때까지 언-할 필요가 있다. 그 세계와 우리 자신을 '언월딩'해야 한다.

단일 세계 바깥을 상상할 수 없는 사람들은 이렇게 주장하곤 한다. "무슨 취지인지는 알겠는데, 왜 그렇게까지 급진적으로 바꿔? 차근차근 손보고, 수정하고, 조정해 나가면 돼." 어쩌면 단일 세계인으로서 당연한 반응이다. 너무나 오랫동안 견고하게 작동해 온 단일 세계는 우리를 이렇게 둔감하게 만들었다. 우리는 언월딩에 대한 감이 없다. 경험한 적이 없으니 어쩌겠는가.

반면 언월딩이 무엇인지 잘 아는 사람들이 있다. 세계의 허물어짐을 몸소 경험한 사람들, '세계는 단일하지 않다'는 사실을 보여주는 사람들. 내가 아는 사람 중에도 이런 이들이 있다. 상대적으로 소수에 불과할지 몰라도, 아마존에만 약 200만 명 이상 존재하는 그들. 바로 원주민들이다.

2장
사람들

이 책은 2019년부터 브라질의 혼도니아(Rondônia) 주에 사는 카리푸나(Karipuna)족 원주민과 아마존 열대우림에서 함께 지낸 시간 동안 얻은 결실 중 하나다. 여기서 언급하는 대부분의 내용은 2022-24년 사이 카리푸나족이 거주하는 숲속 마을과 인근 도시인 포르투벨류, 그리고 근방의 주요 지역에서 수행한 문화기술적 연구를 통해 얻은 자료들에 기반하고 있다.

투피-카와이바어족[5]에 속하는 카리푸나족은 브라질 서부 혼도니아주의 주도인 포르투벨류와 자시파라나, 우니앙 반데이란치, 부리치스 사이에 자리한 숲에 거주한다.[6] 자시파라나강 유역까지 뻗어 있는 그들의 땅은 근처의 자시파라나 자원보호구역 및 구아자라미링 주립공원과 접하고 있다. 브라질 정부가 이 구역을 '원주민 땅'(Terra Indígena)으로 구획한 것은 1997년이며, 이듬해인 1998년에는 브라질 헌법에 의해 공인되었다. 이 과정에서 카리푸나족 땅은 19만 5,000헥타르에서 15만 2,930헥타르로 상당 부분 축소되었다.[7]

연구에 따르면 이 지역은 법적으로 원주민 지정 보호구역임에

---

5 — 일반적으로 카와이바 남쪽 부족(우루-에우-와우-와우족, 아몬다바족, 카리푸나족)과 카와이바 북쪽 부족(파린틴틴족, 테냐링족, 지아우이족)으로 구분된다.
6 — 브라질 아마파주에 사는 카리푸나족과 혼동하기 쉽지만 전혀 다르다.
7 — 혼도니아주와 브라질 국립 식민·토지 개혁 연구소(Instituto Nacional de Colonização e Reforma Agrária, INCRA)의 협상 결과 184명의 정착민이 거주하던 BR-421 도로 남부 지역이 잘려 나갔다. 참고로 제주도의 면적은 18만 5,000헥타르다.

도 불구하고 혼도니아주 내에서 농축산업이 가장 빠르게 성장하는 지역으로, "여러 집단이 조직적인 토지 강탈을 통해 이곳을 아마존의 농업-약탈 실험실로 만들려고 시도 중이다."[8] 그 결과 카리푸나족 영토는 브라질에서 가장 많이 벌채되고 침략당한 원주민 땅 가운데 하나가 되었다.[9] 불법 벌채와 토지 강탈이 만연한 가운데 숲은 급속히 파괴되는 중이며, 부족을 이끄는 리더들은 침입자로부터 살해 위협을 받고 있다.

카리푸나족은 이러한 위기에 맞서 삼림 벌채와 강탈에 저항하는 다양한 방법을 강구했다. 자신들의 땅에서 자행되는 침입과 탈취에 항의하며 이를 지속적으로 외부에 알린 결과, 그들의 투쟁은 최근 가시화되고 있다. 특히 2018년 유엔 원주민 현안 상설포럼(UNPFII)에 참석해 그들의 땅에서 불법 점유나 자원 채취를 일삼는 조직과 이에 대한 브라질 정부의 방치를 규탄하면서 카리푸나족의 목소리는 국제적인 조명을 받았다. 카리푸나족의 대변인 아드리아누에 따르면 브라질 내에서 그들의 불만은 거의 묵살됐지만 "국제 사회의 조명을 받으면서 모든 것이 달라졌다."[10]

이러한 관심은 그들의 숲에서 벌어진 광범위한 산림 파괴와 이를 알리려는 노력 덕분이지만, 또 다른 이유는 위태로울 정도로

---

8 — 1990년에서 2018년 사이 혼도니아주의 축우 개체군은 736퍼센트 증가했다. Costa Silva et al., "Fronteira, direitos humanos e territórios tradicionais em Rondônia (Amazônia Brasileira)," *Revista de Geografía Norte Grande*, no. 77 (2020): 260, 266.
9 — 2022년, 이 지역은 BR-319 도로를 중심으로 하는 69개 원주민 땅 가운데 가장 많은 벌채가 이뤄졌다. Fábio Bispo, "Terra Indígena Karipuna é a mais desmatada no entorno da BR-319," InfoAmazonia website, February 28, 2023, https://infoamazonia.org/2023/02/28/terra-indigena-karipuna-e-a-mais-desmatada-no-entorno-da-br-319/.
10 — Adriano Karipuna, *Da floresta para o mundo* (2021), Kindle e-Book, 39.

줄어든 사람 수에 있었다. 그들이 겪은 급격한 인구 감소는 브라질 정부가 원주민 통합 정책의 일환으로 설립한 원주민보호기구(Serviço de Proteção aos Indios, SPI)가 혼도니아 지역에 집중 투입된 1970년대에 발생했다. 그러나 그 전조는 아마존의 고무 붐에 마데이라-마모레 횡단철도가 건설되면서 고무 채취 노동자들이 마데이라강 상류까지 침투하기 시작한 20세기 초로 거슬러 올라간다. 이후 고무 붐이 식으며, 공식 기록된 충돌 사례는 별로 없지만, 카리푸나족의 얘기는 다르다. 정확한 연도는 알 수 없지만, 이 시기 백인들과의 접촉은 평화스러운 교류보다는, 밤중에 마을을 덮친 갑작스런 기습 공격, 화염에 쌓인 집들과 귀를 찢는 총성, 부족민 학살과 강간, 납치 등의 기억들로 점철되어 있다. 방어를 해볼 새도 없이 정글 깊숙이까지 도망가 다시 공동체를 꾸리고 마을을 재건한 것도 한두 번이 아니었다. 고무 채취 노동자 출신 정착민의 수가 점점 늘어나면서 이러한 대(對) 원주민 갈등이 심해지자, 결국 SPI는 1976년경, 카리푸나족을 브라질 사회에 '통합'하기로 결정한다. 베나무르 폰치스가 이끈 일련의 SPI 탐사들을 계기로 카리푸나족은 외부인과 긴밀히 접촉하기 시작했고, 곧이어 전염병의 희생양이 되었다. 1983년, 살아남은 카리푸나족은 단 여덟 명이었다. 집단 학살에 가까운 이 경험은 카리푸나족의 기억에 깊이 새겨져 멸족에 대한 공포와 상흔으로 남아 있다.

가까스로 살아남은 '접촉 이전' 세대의 생존자들은 다른 카와이바어를 사용하는 이웃 원주민과 결혼했다. 또, 그다음 세대는 주로 비원주민과 결혼하면서 점차 다양한 친족 관계로 이뤄진 공동체를 형성했다. 대부분의 부족 구성원은 카리푸나족 숲의 유일한 마을인 파노라마에 살고 있다.[11] 마을 사람들은 주로 사냥, 어획, 농사, 채

---

11 — 현재 파노라마 마을에는 카리푸나족 이외에 우루-에우-와우-와우족, 카리치아나족, 치쿠나족, 그리고 백인들이 함께 거주한다.

집으로 생계를 유지하며, 일부는 브라질 정부가 운영하는 원주민 기관에 고용되어 있다. 개인적인 이유로 포르투벨류나 다른 인근 도시에 거주하는 구성원들도 점점 늘어나고 있다.

이 책을 쓰는 2025년 현재 카리푸나족은 여전히 그들의 숲에 드리우는 여러 위협에 저항하고 있다. 2024년 6월과 7월, 원주민들의 강력한 요청 끝에 브라질 연방환경경찰(IBAMA)은 카리푸나족의 땅을 불법으로 점거하고 있던 침입자들을 몰아내는 작전을 수행하기도 했다. 이 모든 어려움 속에서도 카리푸나족은 그들의 공동체와 숲을 보호해 왔으며, 구성원은 60여 명에 달한다.

3장
반교훈

> 생각하지 않고 볼 줄 아는 것,
> 볼 때 볼 줄 아는 것, (…)
> 이것은 깊이 있는 공부를 요구한다,
> 안 배우기를 위한 배움을
> ― 페르난두 페소아, 「양 떼를 지키는 사람」 중에서

내 원주민 친구들은 훌륭한 이야기꾼이다. 하지만 설명꾼으로서는 완전히 최악이다. 이야기를 듣고 난 후 내가 거기에 담긴 '의미'나 '교훈'에 관해 질문을 던지면 좀처럼 반응하지 않는다. 이야기에서 교훈을 찾는 것을 싫어하는 것 같지는 않지만, 내 의견에 동의도 반대도 하지 않고, 그저 그런 대화 자체에 관심이 없어 보인다. 내가 끌어낼 수 있는 최선의 반응은 아마 희미한 미소 정도일 것이다. 때론 이야기를 '파악'하려고 애쓰는 것에 대해 일종의 거부감을 내비칠 때도 있다. 한마디로, 그들에게는 이야기에 관해 이야기할 이유가 없다. 일단 이야기를 들려줬으면, 더군다나 그들이 보기에 그 이야기가 재미있고 전달도 잘 되었다면, 그걸로 끝인 것이다. 결과적으로 나는 그들이 들려준 이야기에서 늘 홀로 의미를 찾아야 했다. 다양한 해석의 문이 열려 있다는 점은 좋았지만 한편으로는 그들의 이야기에, 혹은 일반적으로 이야기라는 것에 접근하는 내 방식에 문제가 있는 건 아닌지 의문이 들기도 했다.

    이야기를 분석하고 교훈을 찾는 것은 내가 자란 문화에서 너무도 자연스러운 일이었다. 어린 시절부터 책을 읽을 때마다 줄거리, 서사 구조, 핵심, 토론 거리를 깔끔하게 뽑아내야 했다. 항상 좋

은, 혹은 더 나은(심지어 최고의) 해석, 다시 말해 정답이 존재했다. 그런 교육 방식을 싫어했던 나는 풍자적인 만화를 그리기도 했다. 한 어른이 아이에게 미술관에 걸린 그림을 가리키며 코끼리를 삼킨 보아뱀을 상상하라고 '정답'을 알려주지만, 아이의 눈에는 모자가 보일 뿐이다. 눈치챘겠지만 앙투안 드 생텍쥐페리의 소설 『어린 왕자』에 나오는 사랑스러운 우화에 빗댄 내용이다.

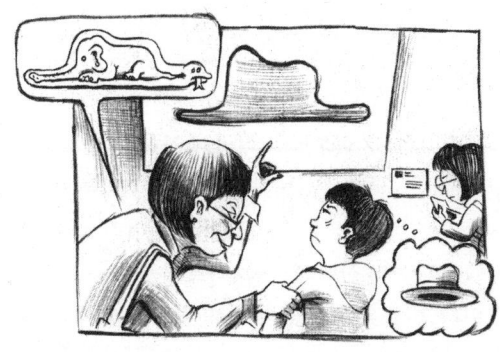

실제로 요즘 미술관에서는 유사한 풍경을 볼 가능성이 높다. 어른이나 도슨트가 설명을 해주면 학생들이 수동적으로 정보를 검색하거나 확인하는 풍경 말이다. 끊임없이 진화하는 기술 인프라는 그런 경향을 부추긴다. 챗GPT에게 어느 작품 혹은 이야기의 교훈(또는 메시지)이 뭐냐고 물으면 너무도 손쉽게 맞춤형 답안이 주어지기 때문이다.

이런 접근 방식에 비판적인 나도 자라난 환경에서 굳어진 습관에서 완전히 자유롭지는 못하다. 하지만 원주민 친구들을 사귄 후 내가 이야기를 보는 방식—그리고 거기에서 의미를 찾는 방식—은 극적으로 바뀌었다. 나는 더 이상 그들의 이야기를 교훈이나 정보를 담은 용기로 보지 않는다. 이야기는 얼마든지 유익한 교훈을 담을 수 있지만, 그건 이야기라는 나무가 줄 수 있는 많은 열매 중 작은 일부에 불과하다. 이야기를 고정된 의미들의 집합으로 축소하면 다른 가능성은 차단된다. 반면 '교훈 추출' 본능에서 벗어나면 우리는 훨씬 많은 것을 거기에서 발견할 수 있다. 그러므로 아마존에서 배우는 첫 번째 '반교훈'(anti-lesson)의 원칙은 다음과 같다. 안 배우기를 배우기.

반교훈은 반학습(anti-learning)이 아니다. 앞서 말했듯 우리는 배워야 한다. 그냥 배우는 것이 아니라 필사적으로 배워야 하는 것들이 있다. 가령, 우리가 역사적 전환점에 서 있다는 점을 잊으면 안 된다. 그러나 언월딩을 위한 학습은 단순히 기존 학습 방식을 반복하는 것이 아니다. 우리 자신을 바꾸지 않은 채 지금껏 쌓아온 것들에 단순히 더 많은 정보나 지식을 추가하는 방식으로 배우는 것은 이제 거부해야 한다. 우리는 당연하다고 가정해 온 것들을 의심하고, 설명이 필요 없을 정도로 자명하다고 여긴 것들이 더 이상 그렇지 않음을 깨달아야 한다. 그래야 다르게 생각하고 다르게 행동할 공간이 열린다. 반교훈은 지금까지 배운 것을 잊고, 새롭게 배우는 것이다.

반교훈의 두 번째 원칙은 학습이 수업의 형태로 이뤄지지 않는다는 점을 이해하는 것이다. 문답의 형태도 아니다. 가르치지 않더라도 배울 수 있다. 정글에서 나는 종종 아빠와 아들이 사냥이나 낚시 같은 일상적인 활동을 하며 주고받는 상호작용을 관찰하곤 했다. 카리푸나족 아이들은 여덟 살 정도가 되면 아빠나 삼촌을 따라 숲에 가기 시작한다. 얼핏 보기에 아빠들은 매우 불친절하다. 무언가를 가르치거나 설명해 주지 않는다. 가끔 '이걸 잡고 있어' '저걸 가져와' 하고 짧게 명령할 뿐이다. 그러다가 어떤 상황이 벌어지면 아이는 눈치껏 자신이 무엇을 해야 하는지 알아차려야 하는데,[12] 아빠의 기

---

12 — 이런 류의 '상황 학습'은 실제로 일상 및 교육 환경에서 일어난다. Jean Lave and Etienne Wenger, *Situated Learning: Legitimate Peripheral*

대에 부응하지 못하는 아이는 심한 꾸지람을 듣기도 한다.

그러니 아이는 최대한 주의 깊게 관찰할 수밖에 없고, 직감에 의존해 본 대로 따라 할 수밖에 없다. 혹시 실패해서 혼나더라도 빨리 털어버리고 다음 기회를 놓치지 않기 위해 두 눈 똑바로 뜨고 뭐라도 배워야 한다. 내가 만난 숙련된 카리푸나족 사냥꾼이나 채집꾼에게 어떻게 기술을 익혔는지 물어보면 대부분 혼자 터득했다는 답이 돌아온다. 집요하게 질문을 이어가야만 "아, 맞아요. 그건 삼촌에게 배웠죠" 같은 대답을 들을 수 있다. 실제로 배운 기억이 없어서 그렇게 말했을 가능성도 있다. 아마 어떤 행동이 자기 눈앞에서 벌어진 게 다였을 것이다. 그걸 재빨리 주워 담아 자기 것으로 만드는 건 온전히 각자의 몫이다.

반면 명확한 가르침도 존재한다고 말하는 원주민 친구들도 있다. 아드리아누 카리푸나에 따르면 카리푸나족에 전해 내려오는 많은 이야기는 '수업'(aula)으로 간주된다. 아드리아누는 어머니가 들려준 이야기들을 마치 다양한 과목이 있는 학교 커리큘럼에 비유한다. 또 다른 친구인 바치치의 생각도 비슷하다. 바치치는 자신이 또래 카리푸나족 가운데 유일하게 지적 호기심을 가졌다며 자랑스러워한다. 예를 들면 청소년 시절부터 아빠나 삼촌에게 이런 질문을 던졌다고 한다. "카리푸나족은 어떻게 세상에 처음 나타났죠?" "따삐르는 어떻게 세상에 나왔어요?" "페커리는 어떻게 생겨났나요?" "우린 어떻게 후추, 옥수수, 카사바를 먹게 됐어요?" 그러면 어른들은 자신이 어릴 때 들은 이야기를 들려주곤 했다. 예를 들어 '사냥감'이 어떻게 세상에 나왔는지 물었을 때 그가 들은 이야기를 간략히 요약하면 다음과 같다.

생선을 먹는 데 지겨워진 반인반신 바히라의 아들은 다른

Participation (Cambridge University Press, 1991) 참조.

고기를 먹고 싶다며 아빠를 졸랐다. 아들의 성화에 못 이긴 바히라는 먼저 큰 돌로 따뻬르를 만들었다. 하지만 아들에게 아직 따뻬르를 죽이지 말라고 주의를 줬다.
"동물이 먹게 내버려두거라. 다 클 때까지 기다리렴."
하지만 아들은 아빠의 말을 듣지 않고 따뻬르를 죽인다. 그 후로도 아들은 고기를 더 먹고 싶다며 아빠를 졸랐다. 그러자 바히라는 이번에는 작은 돌들을 모아서 페커리 무리를 만들었다. 그러면서 너무 많이 죽이지 말라고 재차 경고한다. 하지만 아들은 유혹을 이기지 못하고 너무 많이 죽인다. 그러자 아들은 숲의 정령으로 변해버렸다. 그때부터 바히라의 아들은 다시는 인간으로 되돌아오지 못하고 페커리를 보호하는 정령으로 그들과 함께 살아가게 되었다.

바치치에게 이 이야기는 카리푸나족의 지혜가 담긴 커다란 보따리의 한 조각이다. 확실히 재미난 요소도 들어 있지만 그저 시간을 죽이기 위한 심심풀이 이야기만은 아니다. 들려주고, 또 듣는 과정에서 지식을 얻을 수 있다.

그가 들려준 많은 매혹적인 이야기에서 내가 주목한 점은 내용 자체보다는, 그의 지적 갈증들이 이야기를 통해 해소되었다는 사실이다. 그는 각 이야기를 자신의 질문에 대한 적절한 답으로 여겼고, 어른이 된 지금도 여전히 그렇게 생각한다. 확실히 매력적인 이야기들이지만 나라면 그걸 답으로 여기지는 않았을 텐데, 적어도 바치치에게는 만족스러운 답들이었다. 어쩌면 어떤 질문에 대한 답이 '이야기의 형식'으로 주어질 수 있다는 사실에 내가 익숙하지 않아서 그런지도 모른다.

이러한 소통 또는 지식(또는 지혜) 전달 방식은 불교에서 행해지는 선문답과 유사해 보인다. 선문답은 우리에게 익숙한 '발신자

'(선생)-메시지(지식)-수신자(학생)' 모델을 따르지 않는다. 그것은 은유와 시성(詩性), 사색을 적극 수용하는 대화이며 배우는 사람에게 경험과 상상, 해석, 때로는 비약을 요구한다. 제자가 스승이 뜻하는 바를 이해하면, 무언가가 전달될 수 있다. 그러나 스승이 의미한 바와 받아들이는 사람이 이해한 바가 동일하리란 보장은 없다. 규정되거나 고정된 교훈이 없는 것이다.

원주민들의 이야기는 그것이 만들어진 장소가 숲이었다는 사실만 알 뿐, 어떻게 만들어졌는지는 아무도 모른다. 그들에게 물어보면 어른에게 들었다고 하고, 그 어른들에게 물어봐도 자기보다 더 어른에게 들었다고 답할 뿐이다. 우리가 할 수 있는 건 원주민 선조들이 어느 시점에 지어냈을 거라는 추정밖에 없다. 듣거나 본 것을 토대로 이야기를 지었는지, 꿈꿨던 내용을 이야기로 만든 것인지 우리로서는 영영 알 수 없다.(게다가, 카리푸나족에게 이야기는 누군가 '지어낸' 것이 아니라 까마득한 옛날부터 '존재해' 온 것이다.) 시인의 마음을 헤아린다고 시가 '해독'된 것은 아니듯이, 설령 카리푸나족의 이야기에 '원저자'가 있고 우리가 그 심중을 알게 된다고 해도, 그것으로 모든 걸 환원할 수는 없다. 어쩌면 그 원저자가 어떤 교훈이나 의도를 이야기에 담고자 했는지 너무 파악하려 들지 않는 편이 나을 수도 있다. 일일이 헤집고 규정하기보다, 차라리 이야기가 천천히 스며들어 저마다의 깜냥에 따라 다양하게 흡수될 수 있도록 우리의 '수용기'를 다공적으로 만드는 것이 비결이라면 비결이다.

이야기는 숲에서 만들어지기만 하는 것이 아니다. 그 자체가 숲을 닮았다. 방향 표지판이 설치된 거리나 고속도로에서와 달리 숲에서 우리는(인간뿐 아니라 비인간은) 안내 신호를 따라가지 않는다. 대신, 적극적으로 기호를 해석해 가며 '존재하지 않는' 길들을 만들어나간다. 이야기는 숲이고, 숲은 이야기다.

4장
세상의 끝?

우리가 인류세를 살아가는 법을 배우려면, 먼저 죽는 법을 배워야 한다.
— 로이 스크랜턴

일들이 일어나기도 전에 일어난다면, 어떻게 처음에서 시작할 수 있을까요?
— 클라리시 리스펙토르

세상이 끝났을 때의 이야기를 들려드리겠습니다. 세상이 어떻게 끝났는지에 대해 마을 어른들이 들려준 이야기입니다. 어르신들 말로는 신(神) 프레아핑아는 인간과 함께 살았다고 합니다. 인간과 불화가 잦아지자, 그는 가족을 데리고 떠나기로 결심했습니다. 먼저 땅 밑을 살펴봤는데, 안항가(악마의 영혼)가 차지하고 있었습니다. 다음으로 바위를 들여다봤지만, 그곳에는 바히라가 살고 있었지요. 결국 하늘이 살기에 괜찮다는 걸 알게 된 그는 하늘로 올라가기로 마음먹고 모두에게 말했지만 아무도 그의 말을 믿지 않았답니다.

어느 날, 프레아핑아는 지붕 위에 올라가 노래를 부르기 시작했습니다. 그러자 집이 움직이기 시작했습니다. 집이 날아오르고 주춧돌이 놓였던 곳에서 구멍이 드러났습니다. 이 구멍에서 천천히 물이 솟아 나오기 시작했습니다. 집은 위로 올라갔고,

프레아핑아는 계속 지붕에서 노래를 불렀습니다. 부르고, 부르고, 부를수록 집은 점점 위로 올라갔고, 그에 따라 수위도 올라갔습니다. 그의 집에는 부채, 체, 절구 같은 가재도구가 많았습니다. 집이 20미터쯤 떠올랐을 때 부채가 물에 빠져서 파쿠(피라냐)가 되었습니다. 체는 물에 떨어지더니 가오리가 되었죠. 절구는 물에 빠져서 전기뱀장어로 변했습니다. 그가 앉아 있던 지붕의 들보는 물에 들어가자 카이만(악어)이 되었습니다. 그러고도 집은 계속 올라갔습니다. 물 역시 솟고, 솟고, 솟고, 솟았습니다. 세상이 끝날 때까지요.

그때 야자수 가지를 붙잡고 버티던 사람들이 있었습니다. 물살이 너무 세서 손에 상처 자국이 남았죠. 그게 바로 오늘날 우리들 손에 자국이 있는 이유입니다. 그 사건이 남긴 거랍니다. 한 달 정도 흐를 동안 사람들은 살아남기 위해 계속 야자수에 매달려 있었습니다. 물이 차오르고, 차올랐지만, 그들은 물이 더 이상 샘솟지 않을 때까지 그곳에서 버텼습니다. 그리고 다시 한 달이 지났습니다. 그러자 '이아부아'라는 개구리가 나타났습니다. 이아부아는 물속으로 잠수해서 물이 마르는지 아닌지 알아봤습니다. 40일쯤 지나자 드디어 물이 마르기 시작했지요. 그러자 '코로코로'라는 새가 왔습니다. 코로코로는 물을 들이마신 후 하늘 높이 올라갔습니다. 그곳에서 배 속에 있던 물을 모조리 뿜어냈습니다. 물이 많이 떨어진 곳은 강이 되고, 조금만 떨어진 곳은 개울이 됐지요. (…)

카리푸나족 최고의 이야기꾼으로 손꼽히는 내 친구 바치치는 내가 이야기 듣는 것을 얼마나 좋아하는지 잘 안다. 최근 몇 년간 그는 나의 끊임없는 요청에 수많은 이야기를 들려주었다. 그럴 때마다 나는 그의 레퍼토리가 아직도 바닥날 조짐이 보이지 않는다는 사실에 감탄하곤 했다. 그는 다소 충동적인 이야기꾼이다. 어떤 때는 쉴 새 없는 이야기로 오히려 나를 지치게 만들지만, 또 어떤 때는 몇 달이나 짧은 이야기 하나 들려주지 않기도 한다. 딱 하나만 얘기해 달라고 졸라도 말이다. 그러니 어느 날 그가 먼저 다가와 '세계의 끝'에 관한 이야기를 들려주겠다고 말했을 때 내가 얼마나 설렜겠는가. 그의 이야기를 들은 지 꽤 오래된 데다가, 주제도 제격이었기 때문이다. 마침 원주민 종말론에 매료되어 있었던 나는 드디어 카리푸나족의 종말론에 대해 알게 될 거라는 기대에 한껏 부풀었다.[13]

그러나 바치치가 입을 열고 1분도 안 돼서, 나는 그의 이야기가 이미 들은 이야기라는 사실을 깨달았다. 이곳에 온 지 얼마 안 됐을 때 다른 원주민들에게 들은 흔한 레퍼토리 중 하나였다. 다만, 생생히 기억하건대 그 이야기는 세계의 종말이 아닌 정반대 이야기였다. 나는 예의를 지키기 위해, 또 정말로 동일한 이야기인지 확인하기 위해 끝날 때까지 잠자코 기다렸다. 똑같은 이야기가 맞았다. 당황한 나는 그가 이야기를 마치자마자 물었다. "잘 들었어. 그런데 이건 '세계의 창조'에 대한 이야기 아니야? 전에 들은 적이 있어." "아니." 그는 반박했다. "우린 세계 창조에 대한 이야기가 없는걸." 이 얼마나 기이한 일인가. 나는 분명 한 명 이상의 카리푸나족 원주민에게서 세계의 창조에 관한 이야기라며 똑같은 이야기를 들었건만, 그는 한사코 부인했다. 그 이야기는 분명히 세상이 어떻게 종말을 맞이했는지에 관한 이야기라는 것이다.

내 기억이 잘못된 건가? 하지만 확인하려고 들자 더욱 혼란스

---

13 — 다비 코페나와의 『무너지는 하늘』(The Falling Sky, 2010)과 데보라 다노프스키와 비베이루스 지카스트루의 『세상들의 끝들』(The Ends of the Worlds, 2016)를 읽으면서 그 관심은 더욱 커졌다.

러워졌다. 한 사람은 내 기억대로 그건 세계 창조에 관한 이야기가 맞다고 했지만, 다른 사람은 바치치의 의견에 동의했다. 즉, 세계 종말에 관한 이야기라는 것이다. 이걸 어쩐다? 객관적으로 판단하자면 종말 이야기라는 쪽에 '투표'한 원주민의 말에 조금 더 무게가 실린다. 선조들의 지식에 훨씬 박식한 노인이었기 때문이다. 하지만 의문은 여전히 풀리지 않았다. 혹시 카리푸나족에게 이야기 첫 부분의 서사에 따라 제목을 붙이거나 이야기를 분류하는 관습이라도 있는 것일까? 지금껏 수집한 다른 이야기들을 모두 살펴봤지만, 그것도 아니었다. 그들이 이야기에 제목을 붙이는 방식에는 일관성이 없어 보였다.(게다가 제목이 아예 없는 이야기들도 많았다.)

제목 문제를 제쳐두더라도, 무엇보다 일부 카리푸나족 원주민(특히 과거 기억이 생생한 연장자들)이 이 이야기를 세상의 종말에 관한 내용으로 인식한다는 사실 자체가 흥미롭게 다가왔다. 실제로 이야기에 전 세계를 삼켜버리는 거대한 홍수가 나오기는 한다. 하지만 이 '끝나는 부분'은 이야기 전체로 보면 일부, 앞서 인용한 초반부에 잠깐 등장할 뿐이다. 이야기의 초점은 곧장 특정 동물들이 어떻게 나타났는지, 어떻게 강과 개울이 창조됐는지로 전환된다. 그다음에 이어지는 (지면상 생략한 훨씬 긴 분량의) 후반부에서는 사람들이 어떻게 불을 얻고, 또 다른 부족들과 분배했는지에 관한 내용이 나온다. 모두 전형적인 창세 서사의 특징을 충족하는 요소들이다.

내 관점에서는 다분히 창세 이야기인 것을, 카리푸나족 사람들이 종말 이야기로 여기는 이유는 뭘까? 이것이 카리푸나족의 시작과 끝에 관한 개념을 이해하는 실마리가 될 수 있을까? 우리와 달리 그들에게 세상의 종말은 삶의 연장선상에 나타나는 수많은 특징적인 사건들 중 하나일 뿐일지도 모른다. 즉, 또 다른 새로운 세상이 시작되기 위한 숱한 종말'들' 가운데 하나인 것이다. 사실 많은 문화권에서 근대 이전의 시간 개념은 선형적이 아니라 순환적이었다. 고대 이집트의 상징 중 하나인 우로보로스는 뱀이 꼬리를 입에 문 채 끊임없이 스스로를 삼키고 스스로에게서 다시 태어난다. 동양철학에서 음양을 상징하는 태극(太極)의 형상은 시작과 끝이 순환 관계 속에서 서로를 품고 있다. 내가 들은 다른 카리푸나족 이야기들에서도 삶과 죽음의 경계가 모호한 설정이 종종 있었고, 죽었다가 다시 살아나는 주인공도 흔히 등장한다.

설사 바치치가 창세 이야기를 종말 이야기로 착각했다 해도 마찬가지다. 여기에는 하나의 세상은 그 이전에 존재하던 세상으로부터(혹은 세상이 '끝난' 후에) 탄생한다는 개념이 깃들어 있다. 카리푸나족에게는 무(無)로부터의 창조라는 개념도, 0의 개념도 없다. 세계는 '태초에 말씀' 같은 추상적인 개념에서 시작되거나, 빅뱅처럼 어느 특정한 지점에서 탄생해 확장되지도 않는다. 모든 것은 항상 시작이나 끝 같은 절대적인 지점이 아닌, 어떤 타임라인의 '중간'에서 일어난다. 시작 이전에도, 끝 이후에도 세상들은 언제나 존재한다. 세계들은 선형적인 순서가 아닌 끝과 시작이 무한히 연쇄하는 지점들에서 태어나고 멸한다. 시간은 앞으로 날아가는 화살이 아니라 순환하는 사건의 흐름으로 인식된다. 이런 사고 방식에 따르면 아무것도 절대적일 수 없으며, 모든 것이 유동적이다.

이 이야기에는 우리의 일반 관념과 어긋나는 또 다른 지점이 있다. 피라냐, 가오리, 전기뱀장어, 악어처럼 어떤 동물은 부채, 체, 절구 또는 지붕 들보 같은 인간의 발명품에서 창조된다. 비교적 간단한 인공물이지만 자연과 대비되는 '문화'의 영역에 속하는 물체들이다. 자연에서 유래한 인간이 진화와 진보 과정을 거쳐 물질문명을 이룬다는 선형적인 '발전사관'은 여기에서 역전된다. 즉, 자연적 존재가 문화적 인공물에서 유래한다. 실제로 카리푸나족 이야기에서 이런 종류의 역전된 사고를 찾는 것은 어렵지 않다. '노동의 기원'을 이야기하는 다음 이야기도 여기에 해당한다. 아주 짧은 이야기다.

옛날 옛적에는 활, 화살, 도끼, 칼이 혼자서 일했다.

활과 화살은 알아서 사냥을 해 사람들에게 사냥감을 가져다줬다. 도끼와 칼도 저절로 나무를 베고 밭을 경작했다. 인간은 아무것도 할 필요가 없었다. 하나만 빼고. 야레아히바는 인간들에게 활과 화살, 도끼, 칼이 일을 마치면 과일나무 아래로 가져다 놓아야 한다고 말했다. 이것이 도구들이 계속해서 자동으로 일하는 유일한 조건이었다. 하지만 안타깝게도 인간들은 그 단 하나의 약속마저 지키지 않았다. 그러자 야레아히바는 말했다. "그래 좋아, 내 말을 듣지 않겠다 이거지? 어디 한번 고생해 봐라!" 그렇게 주문이 깨졌고, 인간은 오늘날까지 땡볕 아래 손수 땀 흘리고 일하며 살아가게 되었다.

인류가 어떻게 '진보'해 왔는지 설명하는 우리의 일반적인 서사는 대략 다음과 같은 도식을 따른다.

> 태초에는 인간에게 도구가 없다 → 도구를 얻거나 발명한다 → 점점 더 나은 도구를 얻거나 발명한다 → 인간을 노동으로부터 해방시킬 방법(가축의 도입부터 자동화된 인공지능 시스템에 이르기까지)들이 점점 고도화된다.

카리푸나족의 이야기에서는 마술 같은 자동화가 가장 초기 단계에서 곧바로 등장한다. 기계화되지 않은 인간의 노동을 포함한 모든 것에 선행하는 것이 이 '자동 연장들'이다. 역사는 진보가 아닌 퇴보로 이해된다. 진화 역시 거꾸로 진행된다.

처음 이야기로 돌아가 보자. 이것이 착각으로 세상의 종말 이야기로 제시된 것이 아니라 일부 카리푸나족 이야기꾼들의 말처럼 정말로 세상의 종말 이야기라면 어떨까? 종말의 중요성을 강조하기 위해 이야기 첫 부분에 세상의 끝을 배치한 것이라면? 주인공인 카리푸나족의 신 프레아핑아가 승천하면서 창조되는 세계의 이야기는 평화로운 출발에 관한 이야기가 아니다. 그의 새로운 세상은 낡은 세상의 완전한 파괴를 대가로 실현된다. 그가 떠남으로써 온 세상을 삼키는 홍수가 촉발되는데, 이는 새로운 탄생을 위해서는 파멸이 불가피하다는 사실을 증명하는 듯하다. 실제로, 바로 '죽음'의 과정에서 다양한 생명체(동물)들이 새로 태어난다.

내 원주민 친구들과 대화하면서 생겨난 시작과 끝, 자연과 문화 등을 둘러싼 온갖 혼란스러운 상념에 기대어, 나는 대안적인 읽기를 제안하고 싶다. 바치치가 들려준 이야기의 (대부분을 차지하는) 나머지 부분이 새로운 시작을 설명하는 것처럼 들리기는 하지만, 세상의 끝이라는 개념을 고수해 그 부분 역시 종말의 연장선상으로서 이해해 전체 이야기를 바라보는 것이다. 다시 말해, 우리에게는 세상의 시작처럼 들리는 이야기가 다른 이들에게는 세상의 끝으로 들릴 수 있다는 사실을 받아들이는 것이다. 역사적 관점에서 생각해 보면 그것이야말로 1500년경 이래 일어난 일들이 아니었을까? 유럽인들이 아메리카에서 소위 '신대륙'의 새로운 장을 열자마자 원래 그곳에 살던 이들에게는 끝이 시작되었으니 말이다.

힌두교, 불교, 자이나교 등 동양 종교에서 이해하는 '종말'은 순환적 시간, 쇠퇴, 윤회처럼 아메리카 원주민들의 존재론과 유사한 내적 논리를 보이는 경향이 있다. 가령, 불교 사상에서는 엄밀한 의미에서 종말론이 없다. 대신 소위 '마지막 다르마'로 불리는 '말법'(末法)이라는 개념이 있다. 한국과 중국의 불교학파에 따르면 석가모니가 열반한 뒤 불교의 지혜(또는 다르마)는 세 시기에 걸쳐 전파된다. 첫

번째는 정법(正法)으로 석가모니의 제자들이 부처의 가르침을 전승해 나가는 시기다. 두 번째는 상법(像法)으로 많은 수행이 이뤄지지만 깨달음을 얻는 사람은 드물다. 사찰과 탑이 여기저기 세워지지만 불법의 힘은 점점 약해진다. 세 번째이자 마지막 시기가 말법으로, 불안과 기근, 자연재해가 끊이지 않는다. 불교의 가르침은 모든 구원의 힘을 잃고 결국 스러진다. 대부분의 사람들이 더 높은 가치를 추구하는 데 관심을 잃고 말초적인 쾌락만 좇으며, 인내심을 잃은 갈등과 분쟁이 만연한다. 이 세 번째이자 마지막 단계는 앞선 시기보다 훨씬 오래 지속된다고 한다. 무려 1만 년쯤 된다!

'장기 종말' 또는 '오랜 마지막'이라는 개념은 동양의 종말론에서만 발견되는 것이 아니다. 「마태복음」 24장 21-22절을 살펴보자.

> 그때가 되면 큰 환난이 있을 것이다. 그런 환난은 세상이 시작된 이후 지금까지 없었고 앞으로도 없을 것이다. 그날들을 줄여주시지 않았더라면 아무도 구원받지 못할 것이다. 그러나 택하신 사람들을 위해 하나님께서 그날들을 줄여주실 것이다.

여기서 하나님은 환난의 시간을 단축함으로써 '택하신 사람들' 또는 믿는 자들을 구원한다. 이는 구원받지 못한 자들이 겪을 환난은 꽤 길다는 것을 암시한다. 그래 봐야 7년에 불과해 '말법'이 제시하는 기간과는 비교가 안 되지만 말이다.

하지만 우리 동시대인들은 세상의 종말을 그보다 훨씬 단축하길 바라는 듯하다. 대중문화에서 이런 경향은 할리우드 블록버스터 영화 「어벤져스: 인피니티 워」에서 잘 드러난다. 타노스라는 악당 캐릭터로 대변되는 종말은 순간적이고, 즉각적이며, 피해 갈 수 없다. 손가락 한 번만 튕기면 눈 깜짝할 사이에 전 세계 인구의 절반이 사라진다. 확실히 우리는 점점 인내심을 잃고 빠른 결과에 익숙해지고 있는 듯하다. 그 결과가 보상이든 징벌이든 말이다.

이런 상상력은 능동적인 행위 주체가 되는 데 피곤한 사람들(아마 우리 중 많은 이들)에게 매력적으로 다가온다. 능동적 행위자라면 '세상을 구하는' 일에 뭐라도 참여를 해야 할 텐데, 썩 내키는 일은 아니기 때문이다. 반면 우리가 은밀히 선호하는 시나리오는 다음과 같다. 피할 수도, 저항할 수도 없는 불가항력의 운명이 우리를 덮쳐서 "어차피 내가 할 수 있는 건 아무것도 없어"라고 넋두리하며 수동적인 피해자 역할을 맡는 것이다. 슬프게도 이것이 바로 오늘날 놀라울 정도의 다수가 받아들이는 '지혜'인 듯하다. 우리는 즉각적이고 편리한 종말을 두려워하는 동시에 욕망한다. 귀찮은 실존적 도전 따위에 신경 쓸 필요가 없기 때문이다. 그것이 신속하고도 전면적인 종말이라는 극단적인 상상을 즐기는 한 가지 이유일 것이다.[14]

이는 또한 종말에 대한 보다 현실적이고 유의미한 상상을 할 줄 모르는 우리의 빈약한 상상력을 반영한다. "자본주의의 종말보다 세계의 종말을 상상하는 것이 더 쉽다"는 프레드릭 제임슨의 말은 자주 인용되지만, 사실은 그 어느 쪽도 제대로, 진지하게 상상하기란 쉽지 않다. 만약 세계의 종말이 쉽게 상상된다면, 그것은 하나마나 한 상상을 했기 때문이다. 예컨대 타노스 버전의 종말에서 상상할 거리가 뭐가 있을까? 아무것도 없다. 그냥 손가락 한 번 튕기고 끝! 상상력이란 무언가를 진지하고 꼼꼼하게 구상하려 할 때 가치가 생기고, 어려워진다.

더 중요한 것은 '세상'의 종말과 '자본주의'의 종말이 한데 얽혀 있는 탓에 그것을 풀어내는 일 자체가 우리의 상상력을 봉쇄한다는

---

14 — 좌파와 우파 모두에서 말하는 '가속주의'(accel-erationism)도 참고할 만하다. 이 관점에 따르면 자본주의 체제는 돌이킬 수 없는 지경에 이르렀으며, 따라서 오히려 혼란을 조장하고 정치적 긴장을 강화해 자본주의 체제의 와해를 앞당김으로써 궁극적으로 급진적인 사회변혁을 이루는 것이 최선이다.

데 있다. '저 바깥'에 자연적인 세계가 있고, 거기에 자본주의라는 체제가 (파괴적인 방식으로) 작용하는 것이 아니다. 자본주의 자체가 세계생태(world-ecology), 즉 "인간 경험의 여러 지리학적 층위에 걸쳐 지구 이동(earth-moving), 아이디어 생성, 권력 창출을 통해 자연을 조직하는 방식"이다.[15] 따라서, 이렇게 얽히고설킨 두 '체제'를 풀어낸다면 우리는 이미 자본주의의 종말을 상상하는 데 반쯤은 성공한 셈이다. 만약 우리의 상상력이 거기까지 도달한다면 현 체제의 종말은 이미 그 서막을 연 셈이고, 어쩌면 우리는 세상의 종말을 신경 쓰지 않아도 될는지 모른다. 종말 대신 자본주의의 속박에서 풀려난 새로운 세상이 등장할 수도 있기 때문이다.

그러나 불행히도 우리는 이런 식의 상상력을 추구하는 대신 손쉽고 즉각적인 끝, 아무런 상상력도 필요하지 않고, 고로 아무런 의미도 없는 종말에 대한 환상만 품는 경향이 있다. 새로운 세계를 상상하지 못하는 우리의 빈곤한 상상력은 아이러니하게도 현 체제에 대한 여러 대안들을 달성 가능성이 없는 환상으로 치부하게 만든다. 그렇게 우리는 마크 피셔가 말한 '자본주의 리얼리즘'에 갇혀 세계를 언월딩하는 법을 알지 못한다.

원주민들은 정반대다. 그들은 '언월딩'이라는 말은 몰라도 그것이 무엇인지는 정확히 알고 있다. 그들에게 언월딩은 지금까지 겪어온, 그리고 현재진행형인 삶의 경험 그 자체이다. 그들은 자본주의의 종말을 상상하는 데 별다른 어려움을 겪시 않는다. 자본주의가 없는 세상에서 사는 법에 꽤 익숙하기 때문이다.

인류학자이자 아마존 전문가인 비베이루스 지카스트루에 따르면 아메리카 원주민은 "세상의 종말에 대한 전문가"다.[16] "여전히

---

15 — Jason Moore, *Capitalism in the web of life: Ecology and the accumulation of capital* (Verso, 2015), 2-3.
16 — Deborah Danowski and Eduardo Viveiros de Castro, *The Ends of*

그곳에 존재하지만, 그들의 세상은 1500년에 끝났다. 세상의 종말에 관해 이야기하고 싶으면, 원주민들에게 물어보라. 그게 어떤 것인지 그들은 알기 때문이다."[17]

아마존 남동부의 싱구강 상류에 사는 주루나족은 확실한 '종말 전문가'들 중 하나이다. 그들에게는 전설적인 샤먼이 하늘을 떠받치는 거대한 솟대를 넘어뜨리기로 결정할 때 세상의 종말이 온다는 이야기가 전해 내려온다. 그들에게는 그저 상상에 그치는 이야기가 아니다. 인구가 너무 적어서 실제로 멸족할 뻔했다.(주루나족은 약 100명까지 줄어들었던 것으로 추정된다.)[18]

카리푸나족의 경우는 이보다 훨씬 절박했다. 그들이 겪은 심각한 인구 감소는 정부 정책의 일환으로 원주민 탐사대가 꾸려져 외부인과의 접촉이 크게 증가한 결과였다. 정책 자체는, 적어도 부분적으로는, 선의에서 나왔다고 말해야 할 것이다. 원주민과 그들의 이웃 주민(당시는 대개 고무 채취 노동자들) 사이에 늘어가는 폭력적인 갈등 사태를 해결하기 위한 것이었으니 말이다. 그러나 결과는 참담했다. 외부인과의 접촉으로 인해 전염병이 걷잡을 수 없이 퍼졌다. 1983년, 카리푸나족은 여덟 명으로 줄어들었다.(그중 성인 남성은 네 명, 여성은 한 명이었다.) 카리푸나족의 생존은 기적이라고 해도 과언이 아니다. 그들의 세계는 문자 그대로 절멸을 간신히 비껴갔다. 이후 카리푸나족은 결혼을 통해 피리피쿠라족 한 명을 마을

the Worlds (Polity Press, 2016), 108.
17 — Rafael Cariello, "O antropólogo contra o Estado: As ideias e as brigas de Eduardo Viveiros de Castro," *Piauí*, 88, January 2014, https://piaui.folha.uol.com.br/materia/o-antropologo-contra-o-estado/.
18 — John Ødemark, "Indigenous Eschatology and Global Sustainability: Translating a Juruna Tale from Xingu", in *The Sociology of Translation and the Politics of Sustainability*, eds. John Ødemark et al. (Routledge, 2024), 190–222.

공동체로 받아들였는데, 그녀는 카리푸나족에게 이보다 더 암울한 상황도 얼마든지 가능하다는 걸 환기하는 존재다. 피리피쿠라족은 현재 단 두 명밖에 남지 않았기 때문이다. 총체적인 종말이 손에 닿을 만큼 가까이 있는 것이다.[19]

냉혹한 현실은 이것이 드문 사례가 아니라는 것이다. 얼마나 많은 원주민이 소리 소문 없이 사라졌는지 정확히 셀 수도 없다. 포르투갈인이 처음 이곳에 도착했을 때 브라질에 살았던 원주민은 약 200-400만 명 정도로 추정된다. 얼마 지나지 않아 그 수는 100만 명 이하로 급감했는데, 이는 원주민 약 세 명 가운데 한 명은 살해되거나 죽었음을 의미한다. 오늘날에는 170만 명 정도로 회복된 것으로 알려졌다.[20] 숫자로만 보면 원주민들이 유럽인과 그 후손이 세운 새로운 세계의 질서에 그런대로 적응하고 있는 것처럼 보인다. 그러나 자세히 들여다보면 그들이 이 '장기적인' 세계의 종말에 저항하고 있음을 알 수 있다.

이쯤에서 "낡은 것은 죽고 새로운 것은 아직 태어나지 않았다"는 그람시의 유명한 말을 되새겨 보고 싶다. 낡은 것은 무엇이고 새로운 것은 무엇일까? 물론 관점에 따라 다르겠지만, 신열대구에 살던 옛 원주민이 낡은 것을, 유럽인이 새로운 세계를 대표했다고 치자. 그렇다면, 실제로 낡은 것이 죽고, 새로운 것이 태어난 셈이다. 원주민의 세계는 붕괴되었고, 겨우 남은 생존자들이 외딴 숲으로 후퇴하는 동안 (단일 세계를 핵심 눈영 제세로 장착한) 식민 자본주의

---

19 — 전 세계에 한국인이 두 명 남았다고 생각해 보라! 인구 5,000만에 '인구 절벽'을 운운하는 아우성들이 호들갑으로 들리지 않을 수 없다.
20 — David Biller, "Brazil Has 1.7 Million Indigenous People, Near Double the Count from Prior Census, Government Says," *The Associated Press*, August 9, 2023, https://apnews.com/article/brazil-amazon-summit-indigenous-belem-deforestation-41405ae42bb3b9661e0d27244983b9f5.

세계가 탄생해 번성을 거듭했다. 그런데 이제, 불과 5세기 만에 이 세계는 더 큰 규모의 위기, 전 지구적 생태계 붕괴의 길로 접어들고 있다. '새롭던' 세계가 낡고 비대해져 죽어가는 괴물이 된 것이다. 그리고 우리 모두는 부지불식간에 이 실패한 체제를 지탱하기 위해 동원되고 있다.

우리에게는 더 생기롭고, 정의롭고, 공정하고, 생태적으로 지속 가능한 '새로운'(원주민들의 삶의 방식이 중요한 역할을 할 수 있는) 세계가 필요하다. 그러나 이 새로운 세계는 태어날 수가 없다. 낡은 세계가 죽을 생각을 안 하기 때문이다. 낡은 세계는 사망 선고를 거부한 채 '계속해서 죽어가기만' 한다. 끔찍하게 느린 속도로 지구의 모든 자양분을 빨아들여 임종을 연장하면서, 새로운 싹이 트지 못하게 가로막고 버티는 중이다. 이런 의미에서 나는 문화 비평가 잭 햅버스탬이 세계를 만들기보다 언월딩이 더 시급하다고 말한 데 전적으로 동의한다.[21] 새로운 세상은 올 것이고, 이미 도래했는지도 모르지만, 그것은 언월딩이 제대로 이뤄진 후에야 온전히 모습을 드러낼 수 있다.

동물의 세계에서 우리는 배우자나 자손을 위해 (연어나 사마귀처럼) 자신을 희생(?)하는 경우를 많이 본다. 새로운 세계를 만드는 데 언월딩은 필수 불가결이다. 철저한 붕괴가 선행되어야만 다음 기회를 움켜잡을 수 있다. 이것은 아마도 우리 시대가 직면한 가장 큰 과제 중 하나일 것이다. 단일 세계인으로서 우리는 다른 사람들의 세계를 끝장내는 데는 능숙하지만, 우리 자신의 세계를 끝내고 새로운 세계의 존재를 허하는 데는 서투르다.(혹은 그럴 생각이 없다.) 끝없이 생산하고, 소비하고, 제조하고, 더 많이 축적해야 한다는 강박 속에서, 항상 더할 뿐 빼기는 거부한 채, 우리는 이미 죽어가는

---

21 — Jack Halberstam, "Unworlding: An Aesthetics of Collapse," Vimeo, recorded at RISD September 23, 2022, https://vimeo.com/790506240 참조.

세계에 대한 무의미한 '연명 치료'만 영속화하고 있다. 이러한 세상은 더 많은 것을 파괴함으로써 자신의 종말을 늦추는 방법만 알 뿐이다. 흔히 인류를 '지구의 암'에 비유하는 것도 무리는 아니다. 사멸의 신호를 무시하는 암세포처럼, 우리는 놓아야 할 때조차 내려놓을 줄 모른다. 이를 '지속 가능성'이라 부르며 스스로 기만한다. 그러나 그것은 죽음의 지속 가능성일 뿐이다.

500년 이상 세계의 종말을 경험한 전문가들, 아마존 원주민에게 우리가 배워야 하는 이유는 그들이 걱정되어서가 아니다. 걱정은 우리가 해야 한다. 원주민 사상가 아이우통 크레나키의 간결한 말처럼 말이다. "우리 인디언들은 500년 동안 저항해 왔습니다. 제 걱정은 백인들도 저항할 수 있을지입니다."[22]

22 — William Helal Filho, "Ailton Krenak compartilha sabedoria dos povos da floresta para 'adiar o fim do mundo'," *O Globo*, August 27, 2019.

5장

전쟁의 이름

카리푸나족 숲 내 유일한 마을인 파노라마는 브라질 서부 아마존 정글에 있는 작고 외딴곳이다. 그런데도 상당수 언론인들이 계속해서 이 마을을 찾는다. 이러한 관심은 카리푸나족 리더들이 숲을 파괴하는 조직적인 세력에 맞선 그들의 투쟁을 끊임없이 외부에 알려온 결과다.

언론인들은 카리푸나족이 숲을 보호하기 위해 벌이는 투쟁에 관한 짧은 기사나 르포를 쓰려는 목적으로 대개 혼자, 혹은 작은 팀을 이뤄 이곳을 방문한다. 나는 파노라마 마을에 수차례 머물면서 스무 명 이상의 해외 언론인들을 만났다. 워낙 작은 곳이라 방문객끼리 쉽게 친분을 쌓을 수 있었는데, 줄리아(가명)도 그중 하나였다. 짧은 시간이었지만 나는 그녀가 유능하고 '프로'다운 기자이며, 특히 소수자 인권 문제에 헌신적이라는 사실을 알 수 있었다.

처음에 그녀의 팀은 파노라마 마을에서 일주일을 보낼 예정이었지만, 이틀째 되는 날 계획이 변경되어 다음 날 떠나게 되었다. 줄리아는 떠나기 전에 나를 찾아와 몇 가지 질문을 하고 싶다고 했다. 대화는 사적으로, 우리끼리만 이뤄졌다. 그녀는 이렇게 말했다. "솔직히 잘 이해가 안 가는 게 있어요. 카리푸나족 추장은 계속 자신들이 '전쟁' 중이라고 하는데, 전쟁이 어디 있는 거죠? 내가 뭘 놓친 걸까요?" 나는 줄리아의 말뜻을 알아챘다. 나도 처음에 그녀와 비슷한 생각이 들었지만, 어느새 까맣게 잊어버리고 있었다는 사실도 깨달았다. 확실히 어떤 리더들은 '전쟁'이나 '임박한 학살' 같은 강한 표현으로 영토 침범에 대한 우려를 표한다. 나도 모르게 그런 표현에 익숙해져서 무뎌진 것이다. 줄리아가 최근 우크라이나의 '진짜' 전선을 취재하다 이곳에 왔다는 점을 감안하면 이런 표현이 그녀에게 어떻게 들렸을지 이해할 만하다. 그녀는 또한 팔레스타인, 아프가니스탄, 수단처럼 말 그대로 총탄이 머리 위로 날아다니고 땅에 시체가 나뒹구는 분쟁 지역들을 취재해 왔다. 아마존 숲의 이 '조용한 전선'은 그녀가 겪은 전쟁의 범주에 들어가지 않을 것이다.

그렇다고 줄리아가 카리푸나족의 상황을 가벼이 여기는 것은 아니었다. 그녀는 영토 침범의 위협이 실재하며, 그 결과가 끔찍하다는 사실을 충분히 이해하고 있었다. 그 전날만 해도 나는 그녀의 팀과 함께 불법 벌채로 황폐화된 숲과 방화로 불타버린 원주민 지원 시설을 방문했다. 더욱이 그녀는 카리푸나족 리더들이 휴대전화 메시지나 다른 채널을 통해 종종 살해 위협을 받고 있으며, 많은 마을 사람들이 치안 불안을 호소하고 있다는 것도 안다. 그러나 겉보기에 대부분의 마을 사람들이 평범한 일상생활을 영위하는 듯 보이는 것도 사실이다. 마을 사람들은 집과 숲을 평화롭게 오가며, 근처 강에서 가끔 목욕도 즐긴다. 오늘날까지 침입자들에 의한 사상자도 없었고, 카리푸나족 리더들에 대한 직접적인 신체 공격도 없었다. 베테랑 전쟁 특파원에게 이 모두는 전쟁과 거리가 멀게 느껴졌으리라.

2022년 카리푸나족 대변인 아드리아누 카리푸나가 리스본을 방문했을 때도 비슷한 의문이 제기되었다. 그는 강연과 인터뷰 도중에 '전쟁'이라는 용어를 반복해서 사용했다.

> 왜 우크라이나와 팔레스타인만 봅니까? 아마존에서도 전쟁이 벌어지고 있어요. 진짜로요. 원주민들이 죽어가고 있어요. 원주민 리더들이 살해당하고 있습니다. [원주민] 소녀들이 강간당하고 있습니다. 땅을 빼앗기고 있습니다. 너무나 많은 고통이 있어요. 하지만 아무도 나서지 않아요. 우리 원주민들은 완전히 홀로 싸우고 있습니다!

사람들은 아드리아누의 다른 말에는 고개를 끄덕이며 깊이 공감했지만, 전쟁에 대한 발언에는 그렇지 않았다. 대부분의 청중(혹은 인터뷰를 진행한 기자)은 이 점에 공감하지 않는 것처럼 보였고, 기껏해야 비유나 은유로 받아들이는 듯했다. 청중석에 있던 한 포르투갈 친구는 내 추측을 확인해 줬다. 강연이 끝난 후 그가 다가와 이런 자리를 마련해 줘서 고맙다며, 매우 시의적절하고 유익한 시간이었다고 말했다. 다만, 아드리아누가 말한 전쟁에 관한 부분은 동의할 수 없다고 덧붙였다. 숲을 위한 투쟁과 지금 우크라이나에서 벌어지는 "진짜 전쟁"은 성격이 다르다는 것이다.

나는 줄리아를 떠올리며 카리푸나족의 입장에서 이 점을 설명해 보려 했다. "그래, 하지만 우리도 전쟁이란 말을 여기저기 사용하잖아. 범죄나 마약, 코로나바이러스, 혹은 편견에 맞선 전쟁처럼." 하지만 이런 설명은 나 역시 무의식중에 원주민의 주장을 현실이 아닌 은유로 여기고 있음을 방증할 뿐이다. 그렇다면, 아드리아누의 말은 정말 비유에 불과할까? 과장된 표현일 뿐일까?

아드리아누와 유럽 청중들 사이에는 깊은 간극이 존재한다. 그 격차는 '전쟁'이라는 말에 대한 이해의 차이에서 비롯할 것이다. 우리는 보통 전쟁을 국가 간에 벌어지는, 전차나 미사일 같은 대형 살상 무기가 동원되는 폭력적 충돌에 국한해서 상정한다. 이런 현대전에 비하면 작은 규모지만, 원주민에게 전쟁은 늘 있어왔다. 부족 간의 전투부터 유럽의 정복자들이 지도에서 부족들을 하나씩 지워간 집단 학살에 대한 저항에 이르기까지, 모든 유혈 충돌은 전쟁으로 간주된다. 실제로 브라질의 많은 원주민들이 포르투갈 식민지 개척자 페드루 알바레스 카브랄이 현재 바이아주 동부 해안에 처음 발을 디딘 1500년부터 전쟁이 선포됐다는 데 동의할 것이다. 잔혹한 외세의 힘에 의해—총, 칼, 말, 방화 등 사용한 무기가 무엇이든 간에—유린당하고 파괴되는 것이 전쟁이 아니라면, 대체 무엇이 전쟁이란 말인가?

하지만 줄리아의 요점은 무기의 종류나 규모의 문제가 아니라 폭력의 수위와 심각성에 대한 것이었다. 그녀는 아마 아드리아누가 했던 말이 카리푸나족뿐 아니라 브라질 원주민 전체가 공통으로 처한 역경을 포괄적으로 대변한 것임을 놓쳤을 것이다. 여기에는 본인에게 서서히 뻗쳐오는 실제적, 잠재적 위협뿐 아니라 그가 친족(parente, 원주민이 다른 부족을 지칭하는 용어)으로 여기는 남미의 다른 원주민에 대한 수없이 많은 공격들도 포함된다. 예컨대 아드리아누가 자주 언급하는 마투그로수두술주의 구아라니-카이오와족은 사적으로 고용된 용병뿐 아니라 정부 당국(군사경찰)에 의해 가해지는 살인과 폭력으로 고통받고 있다. 온라인으로 잠깐만 검색해도 수많은 잔혹한 이미지가 화면을 가득 채운다. 비공개적으로 유포되는 이미지들은 더 충격적이다. 얼마 전 한 브라질 기자가 원주민 지지 성향의 왓츠앱 그룹에 공유한 미공개 영상에는 무장하지 않은 원주민 남성이 마을 위를 맴도는 헬리콥터에서 쏜 총에 맞는 장면이 찍혀 있었다. 이런 내용은 주류 언론에 잘 보도되지 않는다.

충격적인 이야기는 얼마든지 더 있다. 최근 구아라니-카이오와족을 직접 방문할 기회가 있었던 또 다른 카리푸나족 리더 에리키는 대규모 농장을 지키던 경비원이 원주민 소녀를 강간하고 살해한 후 사체를 토막 냈다는 이야기를 들려주었다. 이런 끔찍한 범죄를 저지르는 사설 경비원이 한둘이 아니다. 이 경우 소녀의 가족과 친지들이 즉시 용의자를 붙잡아 자백까지 받아냈지만, 경찰은 아무런 조치도 취하지 않았다. 당국 역시 범죄 조직의 일부인 셈이다. 에리키는 가슴에 총상을 입은 다른 원주민 리더와도 이야기를 나눴다. 총알이 심장을 살짝 비껴가지 않았다면 그는 그 자리에서 즉사했을 것이다.

이런 일이 구아라니-카이오와족에게만 일어나는 것이 아니다. 현재 우크라이나와 가자 지구에서 벌어지는 전쟁보다 규모는 작을지 몰라도 극도로 폭력적인 전투들이 아마존 곳곳에서 일어나고 있다. 직접 치르는 사람들에게는 달리 이름 붙일 수 없는, 심각하고 지속적인 전쟁 말이다. 카리푸나족은 운 좋게 지금까지 사상자가 나오지 않았지만 그들과 가깝게 지내는(같은 투피-카와이바어를 사용하는) 우루-에우-와우-와우족은 2020년에 청부업자가 쏜 총에 리더를 잃었다. 그리고 여느 경우와 마찬가지로 살인범은 아직도 법의 심판을 받지 않았다. 자신의 정체성을 드러낸 채 싸우는 많은 원주민 리더들이 이 전투의 다음 사상자는 자신이 될지 모른다고 생각하는 것은 지극히 합리적인 우려다.

한편 줄리아의 말도 이해가 간다. 당사자가 아니면 그런 미묘한 지점까지 알아채기란 어렵고, 전쟁은 보통 그렇게 드러나지 않는 방식으로 벌어지는 사건을 가리키는 용어도 아니다. 사실 나는 그녀의 질문이 소중하다고 생각한다. 카리푸나족의 상황을 가능한 한 진지하게 이해하려는 진정한 관심에서 나온 질문임을 알기 때문이다. 상대방의 말을 표면적으로만 받아들이는 대신, 진지하게 사고하고 질문을 던지는 사람은 생각보다 많지 않다.

  기억을 더듬어보면 나 역시 같은 의문을 품었던 적이 있다. "살해당할까 봐 두려워서" 집 밖에 나가기가 꺼려진다는 아드리아누의 말을 처음 들었을 때, 얼마 전 도심 한가운데서 친구들과 노닥거리던 그의 모습이 떠오르며 그의 말과 행동 사이에 어떤 괴리가 느껴지기도 했다. 하지만 곰곰이 생각해 보면 그가 '감히' 일상에서 자유를 누린다는 사실과 그 뒤에 도사리는 폭력의 그림자 사이에 모순은 없다. 위험은 분명 존재하며, 지척에 숨어 있다. 이런 종류의 비극은 실제로 일어나기 전까지는 심각해 보이지 않는다. 모든 '아마존 순교자'들이 지금까지 그렇게 스러졌다. 시쿠 멘지스, 제 클라우디우 리베이루 다 실바와 그의 아내 마리아 두 에스피리투 산투 다 실바,

도러시 메이 스탕, 돔 필립스, 브루노 페레이라, 그리고 수많은 원주민 리더들이 겉보기에 평화로운 삶을 살다가 어느 날 갑자기 살해당했다. 정글에서 벌어지는 음모는 늘 은밀하고 감쪽같다.

위협에 대한 그들의 표현을 의심하거나 과소평가한 사람들은 일이 벌어진 후에야 상황을 더 심각하게 받아들이지 않았음을 후회한다. 나는 아드리아누의 긴박한 표현이 과장이라고 생각하지 않는다. 이건 교통사고처럼 생명을 위협하는 일반적인 사고의 가능성과는 다른 얘기다. 누구에게나 일어날 수 있는 교통사고와 정확히 당신의 생명만을 겨냥하는 잠재적이고 고의적인 위협은 성격이 전혀 다르다. 그런 위협이 언제 어디서 실제로 벌어져도 이상할 게 없는 삶이란, 전쟁터와 다름없다.

여기서 한 발 더 나가보자. 전쟁이 비단 국가 간의 분쟁에 국한되지 않는다는 사실을 받아들인다면, 자연이나 숲처럼 비인간 존재에 대한 전쟁이 성립하지 못할 이유가 있을까? 카리푸나족 땅에서 자행되는 삼림 파괴의 규모와 속도를 알게 되면 상황은 우려의 수준을 넘어선다. 카리푸나족의 관점에서 폐허가 된 숲은 폭격당한 도시의 잔해와 다를 게 없다. 그들뿐만 아니라 수많은 생명체를 위한 삶의 터전이 매일 잔혹하게 파괴되고 있다. 많은 사람들이 '자연에 대한 전쟁'이 벌어진다고 표현하지만, 비인간 동식물의 관점에서 보면 이는 절대로 비유에 그치지 않는다. 수 세기에 걸쳐 진화해 온 온갖 생명들이 철저히 짓밟히고 있다. 아래 위성사진은 1985년부터 2020년까지 카리푸나족의 숲이 점진적으로 콩 농장이나 축우 사육지로 변한 벌채 지역들에 둘러싸이는 모습을 보여준다.[23]

---

23 — Folha de S.Paulo, Landsat/Copernicus via Google Earth, redesigned from https://www1.folha.uol.com.br.

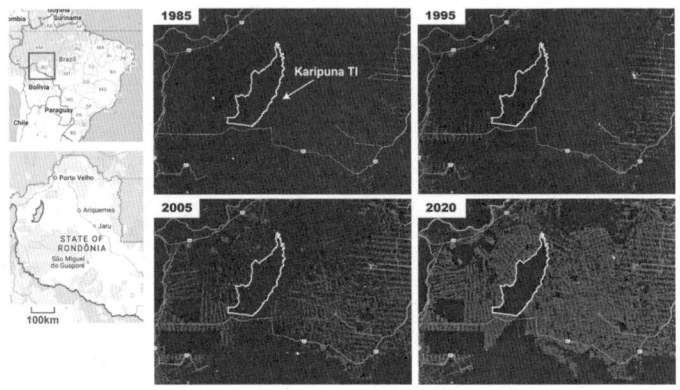

다음 사진에서는 더 적나라한 삼림 파괴 현장을 볼 수 있다.[24]

24 — Ana Carolina Oliveira and Laura Vicuña P. Manso, "Karipuna de Rondônia: um povo ameaçado em sua integridade física, cultural e territorial," Agro é Fogo website. Photo: Christian Braga/Greenpeace.

이래도 과장이나 비유처럼 보이는가? 만약 그렇다면, 이곳이 전쟁터로 보이지 않을 만큼 우리가 철저히 인간중심적인 사고에서 벗어나지 못한다는 사실을 방증할 뿐이다.

원주민들은 인간중심주의에서 벗어나는 데 있어서 우리보다 훨씬 뛰어나다. '관점주의'라고도 알려진 이들의 사고방식은 아마존 원주민에게서 발견되는 일련의 특징으로, 인간뿐 아니라 동물 역시 스스로를 사람으로 여긴다고 생각하는 경향이다. 관점주의는 우리가 비인간의 관점에서 생각하도록 돕는다. 주루나족과 함께 생활하며 연구한 인류학자 타니아 스톨지 리마는 원주민들이 페커리를 어떻게 생각하는지 알게 되었다. 그들의 말에 따르면 "페커리는 자신들이 적과 전쟁을 벌이고 있다고 여긴다."

> 사냥꾼의 불행은 자신의 사냥이 다른 이의 전쟁이 되는 것이고, 동물의 불행은 자신의 전쟁이 사냥이 되는 것이다.[25]

여기에서도 전쟁은 은유가 아닌, 실제 상황이다. 비인간의 관점을 받아들이기 시작하면 많은 원주민이 숲에서 벌어지는 대규모 파괴와 대량 살상을 전쟁에 비유하는 이유를 더 명확히 이해할 수 있다. 카리푸나족 사람들이 대중 앞에서 부족을 대표해 연설을 하거나, 영토 침범과 불법 벌채를 규탄할 때마다 한결같이 강조하는 말이 있다. 그들은 청중에게 "우리 땅에서 무슨 일이 일어나고 있는지 직접 와서 봐달라"고 거듭 촉구한다. 마치 직접 눈으로 보면 모든 게 자명해지질 거라는 듯이 말이다. 내게 이 말은 너무 순진하게 들린다. 관점주의를 빌려와 보자면, 카리푸나족에게 '전쟁'이나 '파괴'로 보이

---

25 — Tânia Stolze Lima, "The Two and Its Many: Reflections on Perspectivism in a Tupi Cosmology," *Ethnos*, vol. 64, no. 1 (1999): 126.

는 곳이 우리 눈에는 평범한 목초지나 농경지, 혹은 심지어 '훌륭한 개발의 풍경'으로 보일 수 있기 때문이다. 어쩌면 원주민에겐 동물의 마음보다 도시 개발주의자의 '멘탈'을 상상하는 것이 훨씬 어려운 일일지도 모른다.

만약 우리가 원주민의 관점을 진지하게 받아들이면 그들이 왜 아마존의 상황을 전쟁으로 보는지 이해하는 데서 한 걸음 나아가, 그들의 전쟁을 우리의 것으로 만들 수도 있다. 수년간 아마존 문제를 보도해 온 『가디언』의 브라질 특파원 조너선 와츠는 열대우림을 보호하기 위한 행동을 촉구한다. 그가 보기에 이 사안은 "1930년대 스페인 내전처럼 전 지구적 토론과 국제 활동의 중심이 되어야 한다. (…) 이제 아마존을 생사가 달린 문제로 취급할 때다. 그곳에 사는 사람들을 위해서만이 아니다." 덧붙여 강조하길 "아마존은 점점 전쟁터를 닮아가고" 있다. "인종적, 생태적으로 풍요롭게 섞여 공존하는 원주민, 강 유역 정착민, 퀼롬볼라스[26] 공동체"와 "토지 착취에 안달 난 백인 위주의 자본주의 엘리트들" 간의 전쟁터 말이다. 그는 "아마존이 인간 대 자연의 전쟁이 벌어지는, 우리와 동떨어진 전선이 아닌 기후 행동의 중심이 되기 위해서는" 스페인 내전 당시 전 세계 다양한 주체들이 지지에 동참했던 것처럼 국제적인 연대가 무엇보다 중요하다고 주장한다.[27]

브라질 언론인이자 작가 엘리아니 브룸 역시 이런 견해에 적극 공감한다. 와츠의 동반자이자 아마존의 또 다른 강력한 옹호자인 그녀는 아마존에서 벌어지고 있는 투쟁을 "인간들 간의 전쟁"이라고

---

26 — quilombolas. 브라질로 건너온 아프리카 노예들의 후손.
27 — Jonathan Watts, "The Amazon Is a Matter of Life and Death for All of Us. We Must fight for It," *Guardian*, December 12, 2019, https://www.theguardian.com/commentisfree/2019/dec/12/amazon-matter-of-life-and-death-for-all-of-us-we-must-fight-for-it.

규정한다. "내가 말하는 '기후 전쟁'은 지구온난화나 기후에 대한 전쟁이 아니라 (…) 지구를 먹어치우는 소수집단과 지구와 함께 먹어치워지는 소수집단"의 전쟁이다.[28] 이 전쟁은 '지구 편'에 대한 공감과 지지만으로는 충분하지 않다. 우리 모두의 동참과 책임이 뒤따라야 한다. 그럴 때야 비로소 아드리아누의 호소가 우리에게 와닿을 것이다.

> 우리는 또한 여러분을 위해, 모든 사람을 위해 싸우고 있습니다. 심지어 우리에게 반대하는 사람들을 위해서도요!

---

28 — Eliane Brum, *Banzeiro Òkòtó: The Amazon as the Center of the World*, trans. Diane Whitty (Graywolf Press. 2023), 328.

6장

이파지 세계로서 숲

우리가 아마존 숲에서 사람과 마주친다면, 그 사람은 원주민이거나 리베이리뉴(ribeirinhos)일 가능성이 크다. 후자는 1950년대 아마존에서 고무 붐이 쇠퇴하자 수입원이 끊긴 고무 채취 노동자들이 도시로 떠난 후 강기슭을 따라 정착한 이들을 부르는 말이다.

원주민과 리베이리뉴는 어떤 점이 다를까? 혈통을 제외하면 본인들도 차이를 정확히 설명하기 어려워하는 질문이다. 둘 다 자연 가까이 살고, 전통적인 방식으로 사냥하고, 어획과 채집을 하기 때문이다. 농작물을 키우는 방식에서도 눈에 띄는 큰 차이는 없다. 과거에는 차이가 확연했지만 오랜 시간 가까이 살며 서로 배우고 영향을 주고받는 과정에서 많은 부분 동화되었다. 환경운동가 시쿠 멘지스가 '숲 사람들을 위한 연대'(Alliance for Forest People, APF)를 조직했을 때는 벌목 세력에 대항해 함께 정치적 연대를 형성하기도 했다.

하지만 숲의 수많은 비인간 존재들에 관해 더 다양하고 풍부한 이야기를 들려줄 수 있는 건 아무래도 원주민 쪽이다. 리베이리뉴들도 자연과 긴밀한 관계를 맺고 살아왔기에 간직한 이야기가 많지만, 수천 년에 걸쳐 전승된 문화를 간직하고 있는 원주민과 비교하기는 어렵다. 숲에서 원주민과 동행할 때 언뜻언뜻 드러나는 그들의 세계관이나 통찰력을 보면 그런 차이가 여실히 느껴진다.

원주민과 숲을 동행하는 방법에는 크게 두 가지가 있다. 하나는 말 그대로 물리적으로 함께 다니는 것이다. 사냥, 어획, 밭일, 공예, 채집, 순찰, 육아, 강가 목욕, 동물 돌보기, 각종 허드렛일 등 그들이 숲에서 무얼 하든 그림자처럼 따라다니면 된다. 원주민들은 숲에

갈 때 목적을 분명히 밝히지 않을 때가 많다. 무얼 하러 가는지 물어보면 '그냥 둘러보러' 혹은 '한번 살펴보러' 간다고 마치 둘러대듯이 말을 할 때가 잦다. 그렇기에 직접 따라다녀야 알 수 있다. 데려가 준다면 말이다. 또 다른 동행 방법은 원주민의 마음을 따라나서는 것이다. 끝없이 이어지는 구술 서사를 따라 그들의 우주관·세계관이 선사하는 풍경 속을 함께 거니는 것이다. 추상적인 동행처럼 들리겠지만, 이 여정이 선사하는 풍부함과 생동감은 때로는 신체적 감응이 올 만큼 강렬하다.

물론 가장 좋은 동행법은 둘을 결합하는 것이다. 그들이 들려주는 이야기를 귀 기울여 듣고, 함께 숲속을 걸으며 그들의 관점과 감각으로 보이는 세상과 그 너머까지 헤아려 보는 동행. 시간과 노력을 들인다면 분명 숲에 대한 전혀 다른 경험일 것이라고 확신한다. 모든 것은 훈련에 달렸다. 숲의 존재들이 내뿜는 무수한 신호에 몸과 마음으로 조응하는 훈련 말이다. 이런 종류의 훈련에 누구보다 통달한 원주민들이 있으니, 바로 샤먼이다. 브라질 아마존에서는 샤먼을 '파제'(pajé)라고 부른다. 전 세계의 여느 샤먼과 마찬가지로 파제가 되려면 고된 훈련과 엄격한 시험(혹은 의식)을 통과해야 한다. 대개는 남성이 맡지만 여성도 파제가 될 수 있다. 정식 파제가 아닌 사람도 노력하면 파제의 기술과 지식을 어느 정도 배울 수 있다. 그러나 진정한 파제는 만들어지는 대신 태어난다고 한다. 그런 파제는 아직 태어나지 않은, 혹은 생기지 않은 아기가 파제가 될 운명임을 점지할 수 있는 능력도 있다.

내 친구 바치치가 그런 경우다. 파제와 거리가 먼 평범한 카리푸나족 청년이었던 그는, 어느 날 미래에 생길 자신의 아기가 파제의 자질을 가지고 태어날 것이라는 사실을 '통보'받았다. 결혼도 하기 전에 말이다. 그에게 이 사실을 알려준 그의 삼촌은 진짜 파제는 아니었지만 상당한 샤먼의 힘을 지닌 독특한 인물이었다. 어느 날 바치치는 삼촌과 함께 숲에서 사냥을 하다가 재규어의 으르렁거리는 소리를 들었다. 평소 재규어를 죽이지 않는 카리푸나족 관습과는 달리, 이날은 삼촌이 바치치에게 물었다. "재규어를 잡고 싶어?" 바치치가 주저하며 고개를 끄덕이자 삼촌은 그를 데리고 덤불 뒤로 조심스럽게 다가갔다. 재규어가 사정거리에 들어오자 삼촌은 그에게 장전된 총을 건넸다. 조금 떨렸지만 바치치는 숨을 고른 후 몸통을 조준해 방아쇠를 당겼다. "팡…." 재규어가 그 자리에서 쓰러지자 삼촌은 엄숙한 얼굴로 그에게 말했다. "이제 준비가 됐다. 넌 곧 여자를 만나게 될 거다. 잠깐 스치는 만남이 아니라 진지한 관계여야 해. 그 여자와 결혼하면 장차 태어날 아들은 파제가 될 거다. 머리가 크고 아주 총명한 아이일 거야. 강인하고 엄청난 능력을 지니게 될 거다." 실제로 바치치는 얼마 지나지 않아 한 여인을 만나 가정을 이뤘다. 이 부부의 첫째 아이 에리키는 1995년에 태어났다. 아이는 머리가 컸고, 매우 똑똑하고, 강인했다. 삼촌의 예언은 정확했다. 한 가지만 빼고. 바치치의 아들은 파제가 되지 못했다. 이미 카리푸나족에는 샤먼이 갖춰야 할 지식을 제대로 전수할 사람이 없었기 때문이다. 예언을 했던 삼촌도 세상을 떠나버린 후였다. 그러나 에리키의 능력은 다른 분야에서 발휘되었다. 그는 카리푸나족 가운데 첨단 기술과 기기를 능숙하게 다룰 줄 아는 유일한 사람이다. 드론을 조종하고, GPS 데이터를 활용하며, 구글 어스 같은 플랫폼을 활용해 숲을 모니터링하고, 국제 송금을 비롯한 온라인 업무도 척척 해낸다. 어쩌면 현대적인 의미의 파제라고 불러야 할지도 모르겠다.

    원주민들이 사용하는 말 가운데 포르투갈어로 'ter pajé'(직역하면 '파제를 가지다')라는 표현이 있다. '샤먼적 힘을 가진' 혹은 '(샤먼) 주인을 가진'이란 뜻이다. 원주민 언어로는 이파지(ipaji)라고 하며, 파제에서 유래한 단어다. 샤먼의 힘은 말 그대로 샤먼들이 보유한 특별한 역량을 가리키므로, 샤먼은 당연히 이파지한 존재들이다. 흥미로운 점은 샤먼이 아닌 일반인도 '약간은 이파지'일 수 있다는 점이다. 실제로 원주민들 사이에는 '꿈꿀 줄 아는 자는 누구나 약간은 샤먼'이라는 말이 통용된다. 말하자면 필요한 모든 훈련을 거치고 시험도 통과한, 따라서 높은 수준의 지식과 지혜를 소유하고 다양한 병을 치료할 수 있는 자타 공인, 진짜배기 샤먼이 한편에 있다면, 반대편에는 아무런 샤먼의 능력이 없는 평범한 사람들이 있다. 그리고 그 중간 어딘가에 샤먼의 지식과 능력을 조금 갖춘, '준샤먼' 혹은 '약간 파제'들이 위치하는 셈이다. 예컨대 카리푸나족 이야기에서 단골 주인공으로 등장하는 전설적인 영웅이자 '탐정'인 칸다부후아는 탁월한 능력을 갖춘 '진정한 샤먼'으로 통한다. 카리푸나족 노인들이 생생히 기억하는, 친족 관계인 샤먼들도 있다. 현재 가장 나이가 많은 아리파와 그의 여동생 카치카의 증조할아버지와 할아버지는 존경받는 파제였다. 그리고 아리파와 카치카 역시 '약간은 파제'에 속한다.

'약간 파제'로 인정받는 데는 여러 가지 이유가 있다. 예컨대 카치카는 약초에 상당한 지식을 갖췄다. 지금은 세상을 떠난 그녀의 남편 아바가주도 준샤먼으로 통했다. 그는 다방면에 걸쳐 샤먼의 지식에 해박했고 놀랍도록 강인했다. 어느 날 그는 멀리 사냥을 나갔다가 건장한 성인도 즉사시킬 수 있는 독사에게 다리를 물렸는데, 기적적으로 살아남았을 뿐만 아니라 다친 다리로 사냥한 동물까지 둘러업고 먼 산길을 걸어 마을로 돌아왔다. 이런 종류의 범상치 않은 능력은 샤먼의 힘을 지닌 증표로 여겨진다.

한마디로 이파지는 다양한 층위로 존재하며, 적용되는 범위도 넓다. 소수의 엘리트 집단에게만 주어지는 독점적인 힘이 아님은 물론, 인간의 범주를 너머 비인간의 영역까지 확장되는 개념이다. 가장 뚜렷한 사례는 샤먼의 힘을 지닌 정령들이다. 카리푸나족에게 최고 수준의 파제로 인정받는 숲의 정령 '미랑가'들은 일반 샤먼이 치료할 수 없는 까다로운 질병에 걸린 사람들을 치유해 주는 존재로 알려져 있다. 또한 그들은 카리푸나족이 어려움에 처했을 때 도움을 주고, 그들에게 닥칠 미래의 일들을 미리 알려주기도 했다고 한다.

비인간 동물들도 이파지일 수 있다. 다만, 이파지라는 개념이 동물에게 부여될 때는 의미가 조금 달라진다. 가령 사람이나 다른 동물을 치유하는 능력을 보유한다는 뜻은 아니다. 다만 상당한 힘이나 능력을 지니고 있고, 일부는 인간으로 변신하거나 흉내를 낼 수도 있다. 또한 숲의 정령들과 특별한 관계를 맺기도 한다. 따라서 존중받아 마땅한 존재들이다.

하루는 원주민 세 명과 함께 자시파라나강에서 보트를 타고 마을로 향하던 중에 맹그로브가 우거진 곳으로 들어간 적이 있다. 지름길로 빠지는 줄 알았는데 그게 아니었다. 엔진에 연료를 채우는 동안 나무 그늘 아래 잠시 '정차'한 것이었다. 수면 위를 미끄러지듯 움직이는 수십, 수백 마리의 소금쟁이들이 눈에 띄었다. 나는 옆에 앉은 카리푸나족 친구 안드레사에게 물었다.

"이 곤충을 부르는 이름이 있어?"
"그럼, 있지."
"뭔데?"
"아라냐스 다구아(물의 거미)."
"그렇군."
"[이 동물은] 이파지야."
"오, 그래? 그럼 주인이 있는 거야?"
"맞아. 그래서 함부로 대하면 안 돼."
"그렇구나."
"(소금쟁이 두 마리를 가리키며) 소금쟁이가 다른
  소금쟁이 위에 올라타는 건 수영을 가르치는 거야."
"그래? 누가 알려줬지?"
"어머니. 우리 어머니가 전부 가르쳐줬어."

뇌졸중으로 쓰러져 숲을 자유롭게 돌아다닐 수 없게 되기 전만 해도 안드레사의 어머니 카치카는 딸에게 숲의 존재들에 대한 이야기를 끊임없이 들려주었다. 그렇게 숲에서 이뤄지는 '작은 존재들의 신'에 대한 현장 수업은 카리푸나족이 품고 있는 인간 너머의 세계에 입장하는 가장 좋은 방법이다. 어쩌면 '동물 너머의 세계'가 더 적절한 표현일지도 모른다. 일부 동물이 이파지라는 사실은 그들이 단순한 동물 이상임을 뜻하기 때문이다.[29]

이파지인 동물들의 목록은 사람에 따라 다른데, 카치카 할머니의 경우는 상당히 길다. 우선 강력하고 카리스마 넘치는 재규어, 하피독수리, 아나콘다는 확실히 이파지다. 흰입술페커리, 코끼리, 사슴, 큰개미핥기, 자이언트수달, 카이만 같은 덩치 큰 동물에게도 이파지 자격이 부여된다. 대부분의 원숭이와 조류(올빼미, 쿠라소우, 투칸, 호아친, 앵무새, 딱따구리, 쿠리카, 티나무[30]), 아르마딜로, 작은개미핥기, 거북이, 개구리, 게, 도마뱀 같은 일부 작거나 중간 크기의 동물도 이파지다. 박쥐, 특히 거대한 박쥐는 확실히 이파지다. 일부 곤충(벌, 나비, 나방, 개미, 귀뚜라미, 대벌레, 거미, 딱정벌레)과 어류(피라냐, 투쿠나레, 피라루쿠, 수루빔, 자투아라나, 메기, 가오리, 전기뱀장어)도 이파지다. 전갈과 반딧불이도 특별한 샤먼적인 힘이 있다고 여겨진다.

이런 동물들이 각각 샤먼의 힘을 부여받는 이유는 다양하다. 몇몇은 물리적으로 강력한 동물로 태어나서 그렇다. 재규어, 독수리, 뱀이 그런 예다. 어떤 동물은 무서운 주인(가령 숲의 성렁)이 보호하기에, 그 주인에 대한 경외감이 동물에게도 그대로 적용된다. 어떤 동물은 힘이 세지는 않지만 신비롭거나 특별한 능력을 지니고 있다. 예컨대 쿠라소우는 보통은 사냥하기 쉬운 새이지만 때로는 아

---

29 — 다른 원주민들과 마찬가지로 카리푸나족의 언어 체계에도 '동물'이라는 포괄적인 범주가 존재하지 않는다.
30 — 나무가 아니라 '도요타조'라고도 불리는 새다.

무리 가까운 곳에서 쏴도 총알이 피해 갈 때가 있다. 이럴 때는 마법이 걸린 동물, 즉 이파지이기 때문에 죽이면 안 된다. 어떤 동물은 흥미로운 능력이 있어서 이파지다. 매미는 카리푸나족에게 풍요를 상징하는 8월이 되면 어김없이 모습을 드러낸다. 정확히 여름이 절정에 이를 때 땅에서 나오는 그들은, 이내 내년 8월의 부활을 준비하러 땅속으로 돌아간다. 즉, 죽지 않고 지상과 지하를 들락날락하는 것이다. 사실 이러한 (우리가 생물학적 본능이라고 부르는) 행동은 동물에게 일반적이니, 이쯤 되면 동물이 이파지가 되는 문턱이 꽤 낮아 보이기도 한다. 실제로 이파지의 기준이 유연하고 느슨한 건 사실이지만, 그렇다고 무차별적이지는 않다. 최소한 그들은 카리푸나족을 매료시켜야 한다. 클로드 레비스트로스가 명저 『야생의 사고』에서 말했듯, "생각하기에 좋은" 동물들이어야 한다.

이파지인 동물에 비하면 수가 적지만 루피과라(rupigwara)라고 불리는 또 다른 범주의 생명체도 있다. 이들은 특별한 주인이나 보호자가 있는 존재들이다. 몇몇 사례를 들면 다음과 같다(괄호 안은 해당 동물의 보호자): 사마우마 나무(유충), 푸푸냐[31](빙빙 도는 푸푸냐), 부리치[32](공중에 부유하는 부리치), 재규어(숲 전체 또는 토칸데이라 개미), 아르마딜로(풀쐐기), 자이언트수달(수달로 변신한 바히라), 카이만(물에 젖지 않는 천상의 악어), 아나콘다(또 다른 뱀), 대머리독수리(일반 대머리독수리보다 '못생긴' 빨간 대머리독수리), 갑옷메기(그 몸에 사는 작은 벌레) 등. 루피과라는 카리푸나족이 인식하는 동물 간의, 혹은 생물들 사이의 관계를 보여준다. 모든 루피과라 관계가 관찰에 근거한 생태 지식을 바탕으로 하지는

---

[31] 복숭아 야자(Bactris gasipaes)로 스페인어로는 촌타두로(chontaduro)라고도 불린다.
[32] 아구아헤(Mauritia flexuosa)로도 알려진 열대 과일로 야자열매를 닮았다.

않지만, 종들 사이의 상호작용에 대한 그들의 비상한 관심은 충분히 엿볼 수 있다.

동물끼리의 상호작용을 모두 루피과라 관계로 설명하지는 않는다. 예컨대 물리면 극도로 고통스러운 토칸데이라 개미와 '거대 개미'[33]의 경우, 하나를 죽이면 다른 하나가 화를 내는 관계로 묘사된다. 그러나 그들의 관계는 루피과라가 아닌 친구나 동료로 설명된다. 또 루피과라 관계를 지닌 대부분의 동물은 동시에 이파지이지만, 모든 이파지인 동물이 루피과라를 지니고 있지는 않다. 루피과라가 조금 더 제한적인 범주라고 할 수 있다. 그렇다면 모든 동물이 둘 중 하나, 즉 이파지처럼 샤먼의 힘을 가지거나 루피과라처럼 일종의 '보호 관계'를 갖는 것일까? 그렇지 않다. 어떤 동물은 어디에도 속하지 않는다.

이도 저도 아닌 동물은 어떤 동물일까? 첫째, 작고 '성가신' 동물인 모기, 이, 흰개미, 흑파리 같은 곤충이 여기에 속한다. 특히 흑파리는 무섭다. 떼로 몰려다니며 부지불식간에 물어대는데 크기가 작아서 잡거나 피할 방도가 없다. 유일한 방법은 해가 져서 활동이 잦아들기를 기다리는 것이지만, 그러면 이번에는 야행성인 모기가 슬금슬금 기어 나오기 시작한다. 이런 동물들은 이파지도 아니고 루피과라도 없다. 흥미롭게도 카리푸나족은 너구리과에 속하는 코아티를 매우 똑똑하고 교활한 존재로 인정하면서도 성가신 동물로 여겨 이파지로는 인정하지 않는다.(귀여운 애완동물로 선호하는 백인들과 대조된다.) 주머니쥐, 다람쥐, 호저가 이파지가 아닌 이유도 이와 동일해 보인다.

백인들이 들여온 동물들 역시 이파지나 루피과라의 범주에서 제외된다. 닭, 소, 말, 고양이, 개가 이파지가 아닌 이유는 똑똑하지

---

[33] — 현존하는 가장 큰 개미로 알려진 디노포네라 기간테아(Dinoponera gigantea).

않거나 능력이 없어서가 아니라, 오로지 숲에서 오지 않았기 때문이다. 이파지든 루피과라든, 오포유카(opo'yka)[34]든 숲에서 난 동물만이 특별한 힘을 담지할 수 있다. 즉, 이파지를 위한 최소한의 자격은 '숲 출신'이라는 추론이 가능하다. 백인과 함께 온 동물은 여기에 해당하지 않으므로 숲 사회의 '외지인'에 해당하는, 최하위 계층에 위치한다. 그렇다고 그들을 함부로 대하는 것은 아니다. 흑파리나 파리 같은 곤충을 죽이는 것은(어차피 끝도 없이 나오기에 아무도 열심히 죽이려 들지 않지만) 문제 삼지 않지만, 가령 닭 같은 동물은 정성스레 보살핀다. 반대로 존중받아야 할(죽이지 말아야 할) 이파지인 동물이라도 살생을 항상, 무조건 금기시하는 것은 아니다. 이를 잘 보여주는 예가 있다.

하루는 카치카 할머니와 이파지를 주제로 이야기를 나누고 있었다. 거미를 비롯한 온갖 동물들이 화제에 올랐다. 바로 그때, 검은색 거미 한 마리가 우리 앞에 나타났다. 독거미란 사실을 알아챈 카치카는 거미를 가리키며 나에게 (아마도 때려잡으라고) 손짓을 했다. 동물을 죽이기 싫은 내가 굼뜬 반응을 보이자, 옆에 있던 다른 사람이 나서 순식간에 거미를 처치했다. 이 상황이 당혹스러워 카치카에게 "거미는 이파지인데 죽이는 이유가 뭐냐"고 내가 묻자 그녀는 "사람을 물기 때문"이라고 답했다. 다시 말해 거미는 이파지이긴 하지만, 그래서 대개의 경우 죽이지 않지만 위험이 감지되면 죽일 수 있다. '이파지=살생 금지' 같은 공식은 엄밀하게 적용되지 않는 것이다. 뱀도 마찬가지다. 이파지이지만 동네 안에서 발견되면 즉시 죽인다. 그러니 이파지라서, 혹은 루피과라 같은 주인(수호자)이 있다고 죽임의 대상에서 제외되지는 않는 것이다.

그렇기는 해도 이파지라는 존재에 살상을 억제하는 효과가 아예 없지는 않을 것이다. 사냥꾼이 자기 행위를 돌아보게 하고, 살생

---

[34] — 숲을 지키는 존재를 가리키는 또 다른 개념의 범주.

을 주저하거나 포기하게 만들 수 있다. 이파지를 존중하는 사람은 아무래도 불필요한 살생을 삼갈 확률이 높다. 동물이 지닌 샤먼의 힘을 무시하거나, 암묵적인 규범을 저버리는 사냥꾼에게 불행한 일이 일어난다고 믿는 이라면, 이파지 개념은 일종의 견제 메커니즘으로 작용할 것이다. 그리고 그 어떤 경우라도 죽여서는 안 되는 동물들도 소수지만 존재한다. 벌새와 따삐르-매가 이 '신성'하다고 할 수 있는 특별한 범주에 속한다.

'동물 이상의 동물들'로 가득한 이파지 세계로서의 숲은, 동시에 행위성(agency)으로 충만한 공간이기도 하다. 행위성을 가리키는 원주민 언어는 없지만 가장 근접한 단어를 꼽으라면 나는 이파지를 꼽고 싶다. 이는 형용사이자 동사이며, 때로는 명사로도 사용할 수 있다. 아마존 원주민 사회의 다른 많은 개념과 마찬가지로 유연하고 유동적이다. 높은 수준의 이파지는 범접 불가능한 샤먼의 존재로 대표되지만, 다른 수준의 이파지도 얼마든지 존재한다. 카리푸나족의 역동적인 숲에서는 어류처럼 비교적 단순한 능력밖에 없다고 여겨지는 생명체조차 행위성이 결여된 수동적인 대상이 아니다.

한 카리푸나족 원주민은 한때 생물이 풍족했던 호수에 어느 날부턴가 물살이들이 사라진 이유를 들려주었는데, 바로 사람들이 "독을 너무 많이 풀었기 때문"이라는 것이다. 원주민들이 쓰는 침보(timbó)라는 전통 낚시법은 바르바스코 나무껍질을 사용한다. 나뭇가지로 물 표면을 두드리면 물속의 생물을 산소 결핍 상태에 빠뜨릴 수 있어, 수면에 떠오른 동물들을 건져내는 기법이다. 먹지 않는 수중 생물까지 무차별적으로 죽이는 이 방법은 먹여 살릴 부족민이 많았던 시절에는 널리 행해졌지만, 지금은 불필요하다고 여겨져 카리푸나족 사이에서 대가 끊긴 지 오래다. 흥미로운 것은 이 원주민이 덧붙인 말이었다. "물살이들이 더 이상 오지 않는 이유가 뭔지 알아? 마지막 물살이들이 호수를 떠나면서 다른 물살이들에게 '이 호수는 엿 같아!'라고 전한 거야. 그래서 모두들 딴 데로 떠나버린 거지." 그는 물살이들이 그들만의 언어를 사용하고 그들끼리 소통한다는 것을 믿어 의심치 않았다.

나는 카리푸나족과 함께 이파지와 루피과라에 속하는 동물들의 목록을 작성해 봤다. 약 100종 남짓한 동물들이 여기에 포함되는데, 완벽한 목록과는 거리가 멀다. 시간만 충분했다면 목록의 길이가 두 배는 됐을 것이다. 또한 사람마다 견해가 갈려서, 어떤 원주민은 이파지로 보는 동물이 다른 이에게는 아닌 경우도 있었다. 어쨌든 이 목록의 내용은 카리푸나족이 지닌 숲에 대한 포괄적인 지식과 이해를 보여주는 유의미한 지표 중 하나라고 할 수 있다. 노년층에 비하면 카리푸나족 젊은이들의 자연 지식은 확실히 파편적이고 제한적이다. 이파지는 지금도 카리푸나족 사이에서 대체로 존중받는 개념이지만 예전만큼 강력하게, 두루 영향력을 미치지는 않는다. 오히려 영향력이 서서히 퇴조하는 모습을 관찰할 수 있다. 동물들에겐 이파지가 없다고 일축하는 카리푸나족도 있다. 특히 젊은 세대에서는 과거 전통에 대한 전반적인 환멸마저 느껴진다. 여기에는 여러 맥락이 얽혀 있어서 어느 한 요인을 꼽기는 어렵지만, 안드레사가 들려준 일화는 하나의 실마리를 제공한다.

안드레사는 샤먼, 이파지, 미랑가, 그리고 동물들을 대하는 법 등등, 어머니가 가르쳐준 모든 것들을 어릴 때부터 철석같이 믿어왔고, 지금도 여전히 그런 편이다. 하지만 더 이상 믿지 않는 것들도 있는데 그중 하나가 '쿠루피라'다. 페커리의 수호자이자 숲의 온갖 동물들을 보호하는 정령 쿠루피라는, 페커리를 지나치게 많이 죽이거나 존중을 표하지 않는 사냥꾼을 벌하는 것으로 잘 알려져 있다. 원주민뿐만 아니라 아마존 정착민들 사이에 널리 회자되어 민간설화에도 자주 등장한다. 그런데 안드레사가 보기에 도무지 이해할 수 없는 일이 있었다. 마을에 사는 한 비원주민 사냥꾼이 평소 페커리를 다 먹지도 못할 만큼 과도하게 죽일 뿐만 아니라 부족 전체와 사냥감을 공유한다는 암묵적인 규칙까지 무시하는데도, 그에게 아무 일도 일어나지 않는 것이었다. 사냥 성과도 이렇다 하게 줄어들지 않고, 무사태평하게 잘만 지내는 모습을 지켜보면서 그녀는 잘못한 사람에게 내려진다는 인과응보의 원리가 (적어도 아직까지는) 더 이상 통하지 않는 현실에 몹시 실망했다. 숲의 정령 쿠루피라가 진짜 존재한다면, 이런 인간을 혼내주지 않고 도대체 어디서 뭘 하고 있단 말인가?

이런 경험은 우리에게도 낯설지 않다. 가령 우리의 환상이 깨지거나 세상에 환멸을 느끼는 대부분의 이유는 과학이 너무 많은 것들을 밝혀내서가 아니다.[35] 많은 사람들은 세상에 논리로 설명하거나 과학적으로 환원될 수 없는 차원이 존재한다고 생각한다. 또, 세계는 결코 진공의 중립 지대가 아니며 가치와 강력하게 결부되어 있다고 믿는다. 그런데 행위와 결과가 일말의 인과법칙도 따르지 않는 일들이 반복적으로 눈앞에서 벌어지면, 우리의 윤리적 세계는 환멸을 경험하지 않을 도리가 없다. 부도덕한 행위를 저지른 사람들이 버젓이 "악행 면허"를 발부받고, "그릇된 강자가 옳은 약자에게 승리를 거두는"[36] 모습을 목도할 때, 우리의 도덕적 나침반은 방향을 잃는다.

물론 항상 그렇지는 않다. 때로는 새로운 경험이 오랜 믿음을 더 굳건히 만들어주기도 한다. 과학적인 언어로 표현하자면, 원주민의 오래된 이론이 새로운 실증적 사례에 의해 뒷받침되는 경우도 생

---

35 — 진화 생물학자 리처드 도킨스는 『무지개를 풀며』에서 과학은 자연 세계의 신비를 온전히 밝혀냄으로써 자연에 대해 환멸을 안겨주는 대신, 오히려 아름다운 시적 경험을 강화한다고 설득력 있게 주장했다.

36 — 전 미국 대통령 빌 클린턴의 말.

긴다. 예를 들어 한 카리푸나족 원주민은 얼마 전 숲에서 겪은 일 때문에 쿠루피라의 존재를 전에 없이 굳게 믿게 되었다. 다른 마을 사람 한 명과 함께 사냥에 나선 그는 숲에서 페커리 두 마리를 잡는 데 성공했지만, 마을에서 너무 멀리 떨어진 곳이라 전부 들고 올 수가 없었다. 할 수 없이 그들은 무거운 머리 부분을 잘라내 그곳에 두고 오기로 했다. 그런데 그들이 머리 없는 페커리를 업고 막 마을로 출발하려고 하자, 갑자기 사방에서 기이한 울음소리가 울려 퍼졌다. 전혀 익숙한 소리가 아니었다. 검정원숭이도, 양털원숭이도, 새소리도 아니었다. 그렇다고 백인 침입자들의 목소리도 아닌, 정체를 파악할 수 없는 동물(혹은 괴물?)의 울부짖음이었다. 두려움이 엄습한 둘은 재빨리 페커리의 머리를 하늘을 향해 똑바로 세우고 서둘러 자리를 떴다. 이 행동은 화난 정령에 대한 경외를 표해 저주를 풀어보려는 시도였지만, 카리푸나족에서 널리 통용되는 방법은 아니었다. 그들에게 가장 적절한 처신은, 동물을 죽였다면 그 몸의 한 부분도 남기거나 낭비하지 않고 먹는 것이다.

맥락은 조금 다르지만 음식과 관련한 금기를 어겼다가 큰 곤경을 치른 후, 한때 저버렸던 전통 규범에 대한 믿음을 되찾은 원주민도 있다. 그는 아내가 임신했을 때 자신이 어떤 음식을 삼가야 하는지 알면서도 마음 내키는 대로 먹는 우를 범했다. 그러자 어느 날, 아내가 아무 이유 없이 시름시름 앓기 시작했다. 다행히 자신의 행동을 바로 뉘우치고 금지된 음식을 삼가자 아내는 곧 회복되었다. 그는 과거에도 금지된 음식을 먹었다가 호된 복통을 겪고 수술을 받아 겨우 회복한 전력이 있었다. 이런 일을 몇 번 겪은 후 그는 음식 금기에 관한 선조들의 전통을 다시 믿게 되었다.

그에 따르면 들려줘서는 안 되는 이야기들도 있다. 그중 하나는 ○이라는 특별한 새에 대한 이야기인데, 발설하는 순간 듣는 사람과 들려주는 사람 모두 애인으로부터 배신을 당한다고 한다.(독자를 배려하기 위해 새 이름을 밝히지 않겠다.) "이 이야기를 하면 당신이나 나나 고통을 받을 거예요. 그래도 말해줄게요." 나는 결코 이런 이야기를 요청한 적이 없고, 이야기의 '희생자'가 되고 싶은 마음도 없는데 굳이 자진해서 들려주는 걸 보면, 아무래도 이 친구는 스릴을 즐기는 모양이다.

많은 아메리카 원주민들에게 이야기는 그저 이야기에 그치지 않는다. 구술은 구체적인 결과를 불러오는 행동이다. "그러므로, 이야기는 언제나 그것이 구축하는 세계가 무엇인지 보아야 한다."[37]

이파지로서의 카리푸나족 숲은 2025년 현재 어떤 상태일까? 여전히 샤먼적인 힘으로 충만한 세계일까, 아니면 그 역량이 서서히 소멸해 가는 중일까? 지금으로서는 그 어느 쪽으로든 바뀔 수 있는 변모의 한가운데 있는 듯하다. 발터 베냐민이 말했던, 매 순간 갑작스러운 변형의 가능성을 품고 있는 "지금-시간"을 닮았다. 의미와 행위성으로 가득 찬 그들의 숲이 계속 유지될 것인지 아니면 척박하고 황폐한 공간에 자리를 내 줄 것인지는, 물론 카리푸나 사람들에게 달렸다. 그들이 이파지의 세계를 끊임없이 재연·수행(enact)한다면, 그들의 세계는 끊임없는 갱신을 겪으며 영속할 것이다. 하지만 계속해서 잊히고 또 행해지지 않는다면, 그 세계는 허물어질 것이다. 모든 것은 숲을 파괴하고 물러나게 만드는 세력에 맞서 카리푸나족이 어디까지 저항할 수 있을지에 따라 정해질 테다. 이 투쟁을 돕는 우리의 역할도 무시할 수 없다. 이것은 또 다른 전선이다.

---

[37] — Mario Blaser, *Storytelling Globalization from the Chaco and Beyond* (Duke University Press. 2010), 31.

7장
숲은 어떻게 저항하는가

내가 당신을 어떻게 사랑하냐고요?
그 방법들을 헤아려 볼게요.

엘리자베스 브라우닝은 널리 사랑받는 그녀의 소네트 43번을 이렇게 시작한다. 뒤이어 그녀는 차례차례 사랑의 방식들을 열거한다. 나 역시 이 시를 좋아하고, 예전에는 암송할 만큼 여러 번 읽었지만, 지금 나의 관심은 아름답게 묘사된 연정보다는 스스로 질문을 던지고 답하는 시인의 전개 방식에 쏠린다. 상대방에게 여러 가지 '어떻게'를 나열해 소통을 시도하는 방식이 그녀 시대에는 효과적이었던 걸까?

그렇다, 나는 지금 단지 제목이 닮았다는 이유 하나만으로, 이번 장의 전개 방식을 합리화하기 위해 아무 상관도 없는 브라우닝을 들먹이고 있다. 그런데 뭔가를 열거하는 방식은 통상 연역 추론이나 구조 분석보다 못하다고 여겨지는 것이 사실이다. 시와 같은 예술 분야에서도 그런데 인문학이나 과학에서는 말할 것도 없다. 열거법은 흔히 수준이 가장 낮은 수사법으로 통한다. 더군다나 사람들은 보통 줄줄 나열하는 대신 논지를 한두 개의 요점으로 추려서 정리해주는 걸 선호한다.

예컨대 '숲은 어떻게 저항하는가?'라는 질문이 있다면, 숲의 저항을 하나의 (기계적인) 구조로 보고 그 메커니즘이 작동하는 원리를 밝히거나, 숲을 다양한 권력 구조 속에 놓인 개체들로 환원해 그들끼리의 연결망을 분석하거나, 그것도 아니면 숲의 저항을 하나의 현상으로 보고 저항하는 숲과 그렇지 못한 숲의 비교 분석을 통해 납득할 만한 설명을 제공해야 고개를 끄덕일 것이다. 하지만 그런 식으로 질문에 대한 답을 찾아도 놓치는 것들이 생기게 마련이다. 깔끔하게 정리된, 혹은 단순화된 인과관계 사이로 빠져나가는 의미들이 제법 많다. 또한 이런 방식은 종종 경계가 모호한 '어떻게'와 '왜' 사이의 회색 지대를 다루기 어렵다. 따라서 이번 장에서는… 그냥 열거를 해보련다. 좀 더 우아하게 말하면, 브라우닝의 시가 주는 영감에 기대 숲이 저항하는 법을 헤아려 본다. 요점 정리는—그게 꼭 필요하다면—독자에게 맡긴다.

— 숲은 사람과 함께 저항한다

이 책은 아마존에서도 브라질에 위치한 카리푸나족 숲의 특수한 사례에 초점을 맞추지만, 조금 더 일반적인 맥락에서 시작해 보자. 아마존 열대우림은 지난 수백만 년간 호모사피엔스의 존재 여부와 상관없이 기후와 자연재해(홍수나 산불 등)에 저항해야 했다. 하지만 최근 들어, 특히 근대 이후 가장 큰 도전은 인간을 상대하는 것이었다. 편의상 단순화하자면 우리는 인류를 두 부류, 숲에서 적어도 1만 년 이상 살아온 원주민과 16세기 이후 아메리카에 도착한 외지인으로 나눌 수 있다. 원주민의 경우 인구가 적고 기술 수준이 낮아서 숲에 거의 영향을 미치지 않았다는 것이 그동안 일반적인 견해였다. 하지만 최근 연구는 이런 통념을 뒤집는다. 과거 인류가 이 산림지대에 세운 넓은 정착지와 그들이 벌인 농업 활동은 아마존이 현재 보유한 엄청난 생물다양성에 기여한 것으로 밝혀졌다.[38] 아마존이 '순수한

---

38 — Michael J. Heckenberger et al., "Amazonia 1492: Pristine Forest or Cultural Parkland?" *Science*, 301 (2003): 1710–1714; Charles Mann, "Earthmovers of the Amazon," *Science*, 287 (2000): 786–789; William M. Denevan, "The Pristine Myth: The Landscape of the Americas in 1492," *Annals of the Association of American Geographers*, 82(3) (1992): 369–385 참조.

자연의 낙원'이 아니라 상당 부분 인간이 벌여온 활동에 의해 형성되었다는 이론은 이제 학계에서도 점점 널리 받아들여지고 있다.

그렇다고 해도, 고고학적 스케일의 시간으로 보자면 숲이 인간에게 의지한 시간보다 인간이 숲에 의지한 시간이 압도적으로 길다. 아메리카 원주민이 처음 아시아에서 남아메리카 대륙으로 이주해 온 시기는 지금으로부터 대략 3만 년에서 1만 2,000년 전 사이로 알려져 있다.[39] 반면 아마존 열대우림은 5,600만 년에서 3,390만 년 전 사이에 형성된 것으로 추정된다.[40] 그 오랜 시간 숲이 생존하고 번성하는 데 인간이 반드시 필요하지는 않았지만, 인간에게 숲은 단 한 순간도 없어서는 안 될 존재였다. 고로 이렇게 말해야 더 정확하겠다. 숲은 인간들이 토착적인 생활양식을 추구하는 한에서는, 그 영향을 얼마든지 흡수할 수 있었으며, 인간과 함께 생존하고 저항하며 진화해 왔다.

― 숲은 사람에 맞서 저항한다

아마존에 발을 들인 유럽인들은 수많은 원주민을 학살하기 시작했고, 이는 대륙 전체 인구에 상당한 영향을 미쳤다. 하지만 그때까지만 해도 기계 발달 수준이 지금에 한참 못 미쳤기 때문에 지질학적 차원에서 환경에 미치는 영향은 미미했다. 하지만 18세기 이래, 특

---

39 ― A. Arnaiz-Villena et al., "The Origin of Amerindians and the Peopling of the Americas According to HLA Genes: Admixture with Asian and Pacific People," *Curr Genomics*, 11(2) (2010): 103-114; Lorena Becerra-Valdivia and Thomas Higham, "The Timing and Effect of the Earliest Human Arrivals in North America," *Nature* 584 (2020): 93-97.

40 ― Robyn J. Burnham and Kirk R. Johnson, "South American Palaeobotany and the Origins of Neotropical Rainforests," *Philosophical Transactions of the Royal Society*, vol. 359, Issue 1450 (2004): 1595-1610.

히 19-20세기 이후 이뤄진 인위적인 삼림 파괴는 이 지역에 미치는 환경적 부담을 극적으로 가중시켰다.

먼저 고무 채취 산업이 전 세계적인 호황을 누리며 비원주민들이 숲을 서서히 잠식해 들어갔으며, 곧이어 기계화된 거대 농장들도 확산했다. 이와 함께 광범위한 도심지가 형성되어 빠른 속도로 성장했다. 이러한 도시와 농지의 확장은 브라질 서부 아마존에서 1980-90년대 절정에 달했다. 목재를 확충하고 숲을 가축 방목지나 대두 경작지로 전환하기 위해 대규모 삼림 벌채가 이뤄졌다. 숲은 이 압도적인 힘에 대항하기에 역부족이었다. 접근이 어려운 자연 지형이라는 장애물도 큰 도움은 못 됐다. 인간은 극도의 오지까지 도로를 뚫었다. 유일한 억제력은 기후와 전염병이었을 것이다. 실제로 1912년 어렵사리 완공되었으나 결국은 사장된 마데이라-마모레 아마존 횡단철도를 건설하기 위해 동원된 수많은 노동자들이 말라리아 같은 열대성 질병으로 사망했다. 철도는 살아남지 못했지만, 도로는 점점 확장되었고 아마존 '개발' 열풍은 수그러들지 않았다. 숲이 점점 파괴됨에 따라 그곳에 거주하던 많은 원주민들은 죽거나, 쫓겨나거나, 강제로 이주당했다. 이에 저항하거나 살아남은 이들은 더 깊숙한 숲으로, 법정 경계선이 그어진 '원주민 보호구역' 안으로 후퇴했다.

― 숲은 인간과 한데 얽혀 다른 인간에 저항한다

1990년대부터 아마존 숲의 운명은 그 안에 사는 원주민들에게 점점 더 의존하게 되었다. 국가가 주도하는 삼림 보존 정책을 정당화하는 데 원주민의 존재가 가장 효과적인 버팀목이 되어주었기 때문이다. 맹렬한 기세로 숲을 파괴하는 힘에 맞설 수 있는 거의 유일한 공적인 억제력이 원주민이었다.

이 책이 다루는 카리푸나족 영토에서도 숲은 비슷한 생존 과정을 겪었다. 카리푸나족 원주민 보호구역은 1997년에 법적으로 인정받고, 이듬해인 1998년에 헌법으로 공인받았다. 그로부터 불과 1년 후, 보호구역과 바로 인접한 지역에 세워진 소도시 우니앙 반데이란 치는 이내 원주민 땅 혹은 그곳의 자원을 노리는 수많은 잠재 침입자들의 근거지가 되었다. 2000년대 초반에는 보호구역을 둘러싼 모든 구역에서 침범 사례가 증가했으며, 20여 년이 흐른 지금 이 숲은 삼림 파괴 세력에 의해 완전히 포위당하고 말았다. 위성사진으로 보면 숲은 이웃한 또 다른 원주민 보호구역들과 마찬가지로 고립된 외딴섬 혹은 저항하는 천연 요새처럼 보인다. 카리푸나족 원주민 보호구역과 자시파라나강을 사이에 두고 건너편에 위치한 자시파라나 채취보호구역(Reservas Extrativista Jaci-paraná)은 유사한 법적 지위를 가진 보호구역이지만 숲이라고 부르기 민망할 정도로 완전히 황폐화했다. 유일한 차이점은? 이 구역이 원주민 땅이 아니라는 것이다. 이는 원주민의 존재가 숲 보존에 얼마나 중요한지 보여주는 증거다. 카리푸나족이 사는 숲은 주변의 다른 모든 숲처럼 원주민 없이는 소멸에 직면할 수밖에 없는, 전적으로 원주민에게 기대는 처지가 되어버렸다. 아마존에서 숲과 원주민 공동체는 단순히 공간적으로 '포개지는' 것이 아니다. 그저 '공존'하는 것도 아니다. 둘은 복잡한 상호 의존 관계를 맺은 운명 공동체다. 둘은 한데 얽혀 저항한다.

— 숲 지킴이들은 '숲속 사람'이 아니다

외지인이 하는 가장 큰 오해 가운데 하나는 원주민을 수렵·채집으로 자급자족하는 삶을 살아가는 '숲속 사람'(forest people)으로 단정 짓는 것이다. 나 역시 이곳에 오기 전까지 많은 인류학 문헌을 읽으며 이런 인상을 받았지만 이 연구들은 대부분 1980-90년대, 기껏해야 2000년대 초반에 이뤄졌다. 당시에도 변화는 급격했지만, 지금은 거의 모든 원주민이 (극소수의 부족을 제외하면) 숲에서만 살아가지 않는다. "인간은 섬이 아니다"라는 유명한 말은 이곳에도 해당한다. 그렇다고 원주민이 더 이상 숲에 살지 않는다는 것이 아니라, 전적으로 그곳에만 머물지 않는다는 말이다. 그들 대부분은 이동성이 상당히 높다. 숲에 있는 마을과 인근 도시를 다양한 빈도로 오간다. 이유는 다양하다. 농산물이나 물건을 사고팔러, 학교나 병원에 가러, 배우자를 찾으러, 국가보조금을 받으러, 모임이나 회의에 참석하러, 원주민에게 불리한 법안에 반대하는 시위를 하러, 때로는 그저 여가를 보내기 위해 도시에 간다. 지금까지 나는 꽤 많은 원주민을 만났고 그중에서 도시를 싫어하는 이들은 자주 봤지만, 여행을 싫어하는 사람은 한 명도 없었다. 그들은 숲과 결부된 만큼이나 도시와 긴밀하게 연결되어 있다. 대부분의 원주민 공동체는 도시에 작은 임시 거처를 공동으로 마련해 필요에 따라 활용한다.

그렇다면 도시는 그들에게 호의적일까? 일반적으로 보자면 그렇지는 않은 것 같다. 하지만 내가 아는 이들은 많은 어려움을 이겨내고 놀라울 정도로 도시 생활에 잘 적응하고 있었다. 이런 추세를 관찰하다 보면 우리는 원주민들이 서구 문화에 동화되거나, 백인처럼 변했거나, 전통문화를 상실했다는 결론을 내리기 쉽다. 하지만 좀 더 면밀히, 오랫동안 지켜보면 전적으로 그렇게 말하기는 어렵다. 그보다는 자신들의 세계를 유지하는 동시에 낯선 세계를 헤쳐나가는 법도 일정 부분 익혔다고 보는 편이 적절하다. 이런 의미에서 원주민들은 전혀 다른 세계들 사이를 오가는 '세계 통근자'(world commuter)다. 현대인들은 대부분 도시 생활에만 익숙하지만 원주민들은 숲의 전문가인 동시에 도시에서의 삶도 그런대로 익숙하다. 아마 현대인을 숲에 데려다 놓으면 당장 죽지는 않더라도 죽을 만큼 고생할 것이다.[41] 단순화하자면, 원주민들은 살아가는 '세계의 전환'

---

41 — 이런 의미에서도 1장에서 언급한 '단일 세계'라는 존재 양식이 현대 도시인의 세계를 기술하는 데 적절해 보인다. 단일 세계는 단 하나의 생활 방식만을 전제로 하기에, 다른 삶은 상상도 하지 못한다.

에 있어 평균적인 도시인보다 다재다능하다. 그들이 '세상의 종말에 관한 전문가'로 여겨지는 것도 바로 이런 이유다.

— 숲은 바깥으로부터도 지켜진다

앞서 말했듯 숲은 원주민의 유일한 활동 무대가 아니다. 그들의 땅을 지키는 일에서도 이것은 마찬가지다. 숲에서 순찰을 돌며 감시를 게을리하지 않는 것만으로는 불법으로 숲을 침범하고 산림을 파괴하는 세력을 막아내기에 충분하지 않다. 종종 완전히 무장한 채로 돌아다니는 이런 침입자들을 소수의 일반인들이 상대하기란 애초에 불가능하다. 원주민들은 수적으로 열세이며, 장비도 부족하고, 침입자에게 무력을 행사할 수 있는 그 어떤 법적 권한도 가지고 있지 않다. 적법한 집행기관만이 체포, 기소 혹은 장비 몰수와 같은 법적 조치를 취할 수 있다.

문제는 당국이 24시간 내내 정글에 머무르지 않는다는 것이다. 도시에 거주하는 공무원들은 여간해선 머나먼 숲까지 출동할 여유도 의지도 없으며, 전화 한 통화로 달려오는 것은 더더욱 아니다.(카리푸나족에 따르면 2000년대 초반만 해도 단순 신고를 통해 당국의 행동을 이끌어내기가 비교적 쉬웠지만, 지금은 전혀 그렇지 않다.) 당국을 움직이려면 실질적인 정치적 압박을 가해야 한다. 도시로 나가 시위를 하고, 언론에서 시끄럽게 떠들게 만들고, 수도인 브라질리아로 찾아가 고위직 인사들에게 적극적으로 면담을 요구하면서 문을 두드려야 한다. 그러면 가뭄에 콩 나듯이, 당국이 (마지못해) 보호구역 침입에 대처할 팀을 파견한다. 2010년대 후반 이후 삼림 파괴가 정점에 달하면서 이런 방식은 많은 원주민 공동체들에게 표준화된 캠페인 방식으로 자리를 잡았다. 숲 바깥에서 수행되는 이런 외부 활동은 숲속에서 이뤄지는 그 어떤 활동보다도 숲을 지키는 데 엄청난 (어쩌면 거의 절대적인) 전략적 중요성을 띠게 되었다.

— 숲은 원주민 홀로 지키지 않는다

아마존 원주민들이 숲을 지키기 위해 다른 사람들과 맺은 동맹의 역사에 관해서는 지면상 충분히 다루기 어렵지만, 인기 가수 스팅의 지지로 널리 알려졌던 카이아푸족이 주요 환경 단체 및 환경친화적 기업들과 협력한 1990년대 이후, 토지 분쟁을 겪는 원주민 공동체들에게 동맹 구축은 거의 필수가 되다시피 했다. 카리푸나족도 별반 다르지 않지만, 그 시작은 훨씬 늦었다. 이들이 지역 및 국제 시민단체들과 협력하기 시작한 것은 2010년대 중반부터다. 이 연대체는 카리푸나족이 벌이는 투쟁의 위상을 높이고 긴급한 도움과 지원 요청을 널리 확산하는 데 결정적인 도움을 주었다. 물론 삼림 파괴에 대한 카리푸나족의 저항이 최근 들어 브라질 언론의 주목을 받은 가장 큰 이유는 카리푸나족 리더들이 영토에 대한 집중적인 침범을 각종 매체에 쉴 새 없이 알린 결과이지만, 협력 단체들의 공로도 무시할 수 없다. 가령 이 협력자들은 카리푸나족이 공신력 있는 자리에서 자신들이 처한 상황을 알릴 기회를 제공했다. 국제적으로는 2018년 원주민 리더들이 유엔(UN) 회의[42]에 참석해 원주민 땅에서 자행되는 불법 개발 사업과 브라질 당국의 미미한 대처를 고발한 것이 중요한 계기가 되었다. 카리푸나족 대변인 아드리아누에 따르면 "브라질 내에서 우리의 불만은 거의 묵살됐지만 국제적인 조명을 받으면서 모든 것이 달라졌다." 또한 카리푸나족은 자신들의 목소리를 퍼뜨릴 수 있는 국내외 저널리스트들과 긴밀한 네트워크를 구축하는 한편, 브라질 주재 독일 대사관을 비롯해 마을 내 인프라 구축을 지원하는 해외 기관들과도 협력 관계를 맺었다. 환경 단체들과

---

42 — "Indigenous Peoples Disproportionately Impacted by Climate Change, Systematically Targeted for Defending Freedoms, Speakers Tell Permanent Forum," United Nations website, https://press.un.org/en/2018/hr5389.doc.htm.

(나와 같은 연구자를 포함하는) 개인 활동가들 역시 그들의 투쟁에 보탬이 되려고 노력하고 있다. 마지막으로 원주민 문제를 다루는 브라질 국립 기관들[43] 역시 숲에서 생명을 지켜나가는 원주민들의 투쟁에서 중요한 역할을 하는 협력자다.

— 숲은 비인간 수호자와 함께 저항한다

숲을 지키는 일에 있어서는 보이지도 않고, 규정하기도 어려운 협력자도 역할을 한다. 나이가 지긋한 카리푸나족 할머니 할아버지가 들려주는 숲의 정령, 미랑가들의 존재가 그것이다. 미랑가는 샤먼의 부름을 받고 마을로 와 사람들을 치료하는 정령으로, 오랫동안 카리푸나족의 안녕에 중요한 역할을 해왔다. 때로는 '의사'로도 불리지만, 그 이상의 존재다. 외부 세계에 관해 알려주고 미래를 예측하기도 했다. 예를 들어 미랑가는 카리푸나족이 미리 대비할 수 있도록 백인들의 출현이나 총, 비행기 같은 기물에 관해서도 알려줬다고 전해진다. 미랑가는 도시와 숲을 가리지 않고 신출귀몰하며, 도시 사람으로 변해서 백인과 어울릴 줄도 알았다. 그래서 이 '낯선 이방인'들에 관해 속속들이 잘 알고 있었던 것이다.

미랑가는 백인들이 일으킨 폭력 사태에 개입하기도 했다. 카리푸나족 노인들에 따르면 백인들이 마을을 공격해 사람들을 죽이고 여자와 아이들을 납치했을 때도 미랑가가 개입해 백인들을 설득한 덕분에 '포로'들이 무사히 가족 품으로 돌아올 수 있었다고 한다. 그들의 얘기로는, 미랑가를 소환했던 마지막 샤먼이 세상을 떠난 후 정령들은 더 이상 마을을 찾지 않는다고 한다. 그렇다고 완전히 사라진 것은 아니다. 그 이후에도 숲에서 미랑가를 만났다는 이야기가 산발적으로 들려왔다. 적어도 카리푸나족 노인들에게 그들은 숲이나 도시 어딘가에 여전히 존재한다. 잔다파무후아라는 카리푸나족

---

43 — IBAMA(환경), SESAI(의료), SEDUC(교육) 등이 있다.

의 옛 마을에서 마지막 작별 인사를 나누며, 미랑가는 카리푸나족을 항상 지켜보며 돌보겠노라 약속했다. 카치카 할머니는 최근 수년간 백인들의 끊임없는 침범에도 카리푸나족 가운데 사상자가 나오지 않은 것은 모두 미랑가 덕분이라고 믿는다. 카리푸나족 추장인 그녀의 아들 안드레가 목숨을 위협받고 있기는 하지만, 실제로 추장이나 리더가 살해당한 몇몇 이웃 부족들에 비하면 아직은 사정이 나은 편이다. 그녀 입장에서는 미랑가가 여전히 약속을 이행하며 카리푸나족을 보호한 덕분이다. 이런 존재가 미랑가뿐일까? 미랑가만 해도 내가 2024년 논문을 통해 알리기 전까지 한 번도 외부에 알려진 적이 없던 존재다. 숲과 카리푸나족에게는 외부에 드러나지 않은 또 다른 비인간 수호자들이 있을지도 모른다.

— 숲은 유동적인 연합을 통해 저항한다

외부와의 협력이 점점 중요해지면서 다양한 협력자를 상대하는 일은 카리푸나족 원주민 공동체를 대표하는 리더들에게 중요한 과제가 되었다. 모든 협력자들에게는 저마다 저의가 있으므로 카리푸나족은 그들의 의도를 파악하고 부족의 이익을 도모하기 위해 협상에 임해야 한다. 이런 관계를 구축하려면 미묘한 사회적, 정치적 기술이 요구되며, 끊임없는 소통과 타협 과정이 따른다. 상호 서명한 계약서가 있더라도, 현장에서 일어나는 일들이 형식적인 관계보다 훨씬 우선한다. 중요한 것은 구체적이고 지속적인 행동을 통해 쌓이는 상호 신뢰다. 어떤 단체는 수년간 카리푸나족이 긴급할 때마다 숲속 마을과 도시를 오가는 교통수단을 제공함으로써 그들을 지원해 왔다. 여러 이유로 도시에 갈 일이 생기는 카리푸나족 사람들에게 이것은 확실히 요긴한 도움이다. 반면 이런 종류의 관계는 원주민들의 도시에 대한 (혹은 그 단체에 대한) 의존성을 키움으로써 자율성을 저해할 수도 있다.

서로의 핵심 이해관계에 간극이 있는 경우에는 종종 갈등이 벌어진다. 카리푸나족과 협력자 사이, 혹은 협력자들 사이에서 이런 긴장 관계가 표면화되면 대화와 협상을 통해 다시 정상화되기까지 관계가 불안정해지기도 한다. 때로는 아예 등을 돌리는 일도 벌어진다. 최근 비교적 오랫동안 카리푸나족과 협력해 온 한 환경 단체가 카리푸나족과의 파트너십을 끝낸 일이 있었다. 양쪽 모두 이 부분에 관해 함구해서 구체적인 연유는 알아내지 못했지만 자못 실망스러운 소식이 아닐 수 없었다. 영향력이 큰 국제 환경 단체였던 데다가 애초에 카리푸나족과 계약을 맺을 때 불법적인 삼림 벌채를 5년 이내에 종식하겠다고 큰소리를 쳤기 때문이다. 삼림 벌채는 종식되긴커녕 여전히 기승을 부리고 있다.

— 숲은 환경주의의 이름으로 저항하지 않는다

일반적으로 '숲을 보호하는 것'은 환경 문제로 여겨진다. 그리고 환경 문제는 단일 세계에서는 대개 정치, 사회, 경제, 안보, 건강, 교육 같은 분야보다 덜 중요하게, 부차적으로 다뤄진다. 하지만 원주민 사회는 그렇게 구성되어 있지 않다. 앞서 열거한 많은 부문들이 서로 겹치고, 상호 연결되어 있으며, 부문별로 따로 생각해야 할 이유도 적다. 따라서 숲 문제를 환경 문제로만 치부하는 것은 적절한 접근 방식이 아니다. 여기에 관해서는 다음 장에서 더 자세히 다룰 것이다.

— 숲은 때때로 무언가 하지 않음으로써 저항한다

숲을 보존하려면 '안 해야 할 일'이 많다. 삼림 파괴를 초래하는 상업 활동에 참여하지 않기, 자급자족을 위해서라도 너무 많은 땅을 개간하지 않기, 숲의 구성 요소들을 변화시키거나 고갈시키는 과도한 사냥 금지…. 그러나 이런 소극적인 행동 혹은 비(非)행동은 쉽게 간과된다. 특히 경험적 연구에서는 명백하고 관찰 가능한 행동들이 훨씬 선호된다.[44] 그럼에도 불구하고 나는 카리푸나족이 삼림 보존을 위해 행하는 '비행동'에 초점을 맞추고 싶다. 가장 중요한 비행동이 있다면, 아마도 벌채에 반대하기로 한 결정일 것이다. 소위 '원주민 공모'라 불리는 일련의 '숲을 판매하는' 행위는—목재를 비롯한 임업 제품을 상업화하는 데 관여하거나 영토 일부를 임대하는 등—대부분의 연구자들이 기피하는 민감한 주제다. 원주민 보호구역 내에서 산림자원을 거래하는 행위는 브라질에서 일체 불법이기 때문이다. 그러나 일부 원주민들은 불법 업자들과 사전에 협상해서 수수료를 받는 대가로 목재나 다른 자원을 채취해 가는 일을 '용납'하기도 한다. 사실 아마존에서 이런 일은 드물지 않게 벌어지며, 알 만한 사람은 누구나 알고 있는 공공연한 비밀이다.

    예를 들어 카리푸나족의 어느 이웃 부족은 목재 판매에 관여한다는 소문이 자자하다. 보통 도시에서 상당량의 물품을 구매할 필요가 있는, 즉 돈이 필요한 원주민 공동체들이 이런 일에 연루되곤 한다. 숲을 상업화하면 안정적인 수입원이 창출되기 때문이다. 문제의 공동체에 속한 몇몇 원주민들과 (익명을 전제로) 이야기를 나눠보니, 이는 일부 개인의 돌출 행위가 아닌 마을 전체 구성원의 암묵적인 합의하에 이뤄지는 관행이었다. 실제로 한번은 당국의 조사가 이뤄져 불법으로 벌목된 목재를 압수하러 경찰 차량이 마을로 들어오자, 마을 사람 전체가 들고일어나 인간 사슬을 만들어 차량 진입을 막았다고 한다. 너무나 완강한 저항에 경찰들은 마을에 들어가 보지도 못하고 발길을 돌려야 했다. 이는 목재 거래에 있어 마을 사람들이 얼마나 합심하고 있는지 보여주는 일화다. 그 마을을 자주 방문하는 한 보건소 직원은 (역시 익명을 전제로) 이렇게 말했다. "마을에 들어가면 목재가 엄청나게 쌓여 있어요. 원주민들이 저걸 판 돈

---

44 — Kaisa Kärki, "Not Doings as Resistance," *Philosophy of the Social Sciences*, vol. 48, no. 4 (2018): 364-384 참조.

을 어떻게 굴릴지 알았다면 지금쯤 저 마을은 도시가 되었을 걸요!" 아마 시작은 소소한 수입이나 자구책을 마련하려는 의도였을지 모르지만, 장기적인 관점에서 이런 관행은 숲에 심각한 영향을 미칠 수 있다. 심할 경우 토지 고갈과 삼림 파괴로도 이어진다. 카리푸나족 역시 이런 사업에 관한 제안을 여러 차례 받았으며, 10여 년쯤 전에는 유혹에 넘어갈 뻔한 적도 있었다고 한다. 하지만 그 이후로는 한 번도 이런 일에 연루된 적이 없다. 적어도 그들이 말한 바로는 그렇고, 신뢰할 수 있는 다른 출처들에서도 확인되는 사실이다.

카리푸나족의 이런 '비행동'의 이유는 다양하면서도 조금은 불분명하다. 인터뷰에서 카리푸나족 추장에게 물어보니, 숲 보호가 부족 전체가 동의하는 정책 방향에 부합하기 때문이라고 설명했다. 또 강조하길, 그런 (목재 매매) 관행은 불법이므로 그들이 손댈 영역이 아니라는 것이다. "이 땅은 우리 소유가 아니에요. 법적으로는 연방[정부]의 소유죠." 또 다른 리더의 설명은 조금 달랐다. 그는 '목재 사업'은 망상일 뿐이며 궁극적으로는 득보다 실이 클 거라고 말했다. "결국 숲만 잃고 돈도 못 벌어요. 술수인 거죠. 거기에 넘어가는 사람들이 있지만 결국 환상에 불과해요." 하지만 앞서 추장의 인터뷰로 돌아가면, 그의 이어지는 발언은 자못 흥미로웠다. "사실 [목재를] 팔려면 팔 수도 있어요. 제가 원했다면 말이죠." 이것은 현실적으로 그런 거래가 가능한 '암시장'이 성행한다는 의미로 들린다. 그 자신도 여러 차례 직접 연락을 받았다고 한다. 유혹은 손만 뻗으면 닿는 거리에 있고, 전화 한두 통에 달렸다. 따라서 불법이라는 이유만으로는 이렇게 수익성 높은 관행으로부터 거리를 두기에 부족할 수 있다. 목재 거래 금지라는 카리푸나족의 내부 정책이 지속되기 위해서는 지도부(그리고 공동체 구성원들)의 합의와 의식적인 결단이 필요하다. 이런 관점에서 추장의 발언을 다시 상기하면, 허먼 멜빌의 소설에 나오는 유명한 주인공 바틀비의 태도가 떠오른다. "[할 수 있지만] 안 하는 편이 낫겠어요."

하지만 여기서 더 깊이 들어가면 예상치 못했던 차원의 미시정치도 작용한다는 걸 알 수 있다. 부족 지도부에 속하지 않는 다른 일반 구성원들의 관점은 사뭇 다르다. 아직 극소수지만 목재 판매를 시도하자고 지도부에 압박을 가하며, 구체적으로 요구하는 목소리를 내는 일부 구성원들도 있다. 이들 역시 대규모 삼림 벌채에 찬성하는 것은 아니다. 그저 일정한 수입만 확보할 수 있을 정도로, 소규모로 나무를 베도록 해도 나쁠 건 없지 않냐는 주장들이다. 주로 안정적인 수입원이 없는, 가진 거라곤 숲이 전부인 일부 원주민들과 비원주민 구성원들이 여기에 동조한다. 이들은 전체로 보면 소수에 불과하지만, 카리푸나족 자체가 워낙 소수이기 때문에 쉽게 무시할 수 있는 목소리는 아니다. 이들이 목재 판매에 관여하지 않는 (혹은 못하는) 이유는 숲을 자원의 원천으로 보지 않아서가 아니다. 나무에 영혼이 있어서, 혹은 나무가 나의 형제자매라서, 혹은 신성해서도 아니다. 목재 매매 찬성자들이 보기에 숲은 더없이 훌륭한 자원이다. 다만, 공동체 내부의 대다수가 반대 입장이기 때문에 행동에 옮기지 못할 뿐이다.

더 정확히 말하면 내부에서 가해지는 압박이 전부도 아니다. 외부의 압박도 상당한 역할을 한다. 우선 연방환경경찰의 존재감이 크다. 일부 카리푸나족들은 브라질 경찰이 추장이나 리더들의 휴대전화를 도청하고 있다고 굳게 믿고 있었다. 과장처럼 들릴 수도 있겠지만 불법 벌채와 벌목이 연방환경경찰의 주요 조사 영역 중 하나인 것은 사실이고, 이런 조사가 때로는 원주민 추장들에게까지 미치는 것도 사실이다. 카리푸나족이 속한 혼도니아주의 한 부족 추장은 실제로 이런 불법 거래에 연루돼 체포되기도 했다.

협력 관계에 있는 외부 시민단체 역시 상당한 역할을 한다. 이런 비정부기구(NGO)의 담당자들은 경찰과 같은 조사를 수행할 권한이나 역량은 없지만, 대부분 정기적으로 원주민 마을을 방문하며 구성원들과 친밀한 관계를 맺고 있다. 한마디로 마을에서 일어나는 일을 훤히 꿰고 있다. 어떤 면에서는 가뭄에 콩 나듯 얼굴을 비치는 경찰보다 친근하게 접근하지만 마을 구석구석 안테나가 닿아 있는 이들의 눈이 더 무서울 수 있다. 카리푸나족은 이 협력자들이 대체로 환경 문제에 민감하고, 특히 원주민들이 불법 목재 거래에 연루될까 봐 우려한다는 사실을 잘 알고 있다. 괜히 수상쩍은 활동에 관여했다가 협력 단체와의 관계가 틀어지고 그들로부터 얻는 이익에도 악영향을 미칠 수 있다는 사실 또한 원주민들이 나무에 손을 못 대도록 막는 견제 역할을 한다.

다양한 요인이 복잡하게 얽힌 이 상황은 카리푸나족이 목재 판매를 거부하는 가장 큰 동기가 무엇인지, 나아가 숲을 지키는 이유가 무엇인지 한마디로 설명하기 어렵게 만든다. 그러나 한 가지 분명한 사실은 우리가 이들의 이런 입장, 정책 혹은 태도를 당연하게 여겨서는 안 된다는 것이다. 여느 다른 사회와 마찬가지로 원주민 사회도 얼마든지 변할 수 있다는 점을 상기해야 한다. 숲과 숲속 사람들은 치열히 '저항'하고 있다. 지금까지는 말이다. 하지만 언제든 변할 수 있고, '투항'할 수도 있다. 이것이 아마 아드리아누 카리푸나가 리스본에서 여러 차례, 아마존을 살리기 위해서는 전 세계 수많은 사람들의 도움이 긴급함을 강조한 이유일 것이다. "도움을 줄 수 있다면 서둘러야 합니다. 지금 당장 도착해야 합니다. 안 그러면 너무 늦을 수도 있습니다!"

8장
내가 환경이다

2014년 4월, 아드리아누 카리푸나가 탄 비행기가 프랑크푸르트 국제공항에 도착했다. 국제 환경 단체 그린피스 독일지부 및 여러 시민사회 연대체의 초청으로 첫 유럽 여행길에 오른 그는, 아마존 숲 보호를 촉구하는 다양한 행사에 참석할 예정이었다. 그러나 그의 여정은 시작부터 매끄럽게 풀리지 않았다. 독일 세관에서 경찰이 그를 제지하더니 따라오라며 복도로 인도했다. 생전 처음 이런 경험을 해보는 아드리아누는 영문도 모른 채 따라갈 수밖에 없었다.

경찰은 그를 방으로 데려가더니 통역사가 올 때까지 대기실에서 한참 기다리게 했다. 마침내 통역사가 도착했는데 아드리아누가 요청한 포르투갈어가 아닌 스페인어 통역사였다. 다행히 스페인어를 조금 이해할 수 있었던 그는 상황 파악을 할 수 있었다. 당국이 문제 삼은 건 그가 쓰고 있던 코카르(깃털로 만든 원주민 전통 머리장식)였다. "왜죠? 이게 뭐가 문제라는 거죠?" 그는 되물었다. 통역사는 깃털이 문제라고 설명했다. 허가받지 않은 야생동물로 만든 제품은 독일에서 반입 금지였기 때문이다. 아드리아누는 이해할 수 없었다. "경찰이 그 모자를 달라고 하네요." 통역사가 전했다. 아드리아누는 잠자코 코카르를 테이블 위에 올려놓았다. 경찰이 손을 뻗어 코카르를 집으려 하자 그는 엄중히 경고했다. "신성한 물건이에요. 건드리지 마세요!" 경찰은 잠시 멈칫했지만, 천천히 코카르를 들어 올렸다.(믿기지는 않지만 아드리아누는 경찰이 두려움에 손을 덜덜 떨었다고 한다.) 코카르를 자세히 살펴본 경찰은 모조가 아니라 진짜 새 깃털로 만들어진 물품이기 때문에 반입 시 '환경 범죄'에 해당할 수 있다고 경고했다. 설명을 들은 아드리아누는 믿기지가 않아

소리쳤다. "뭐라고요? 환경? 여보쇼, 내가 환경이오!" 다행히 아드리아누를 초청한 주관 단체가 길고 긴 행정절차를 밟은 끝에 해결 방법을 찾아내, 몇 시간 후 아드리아누는 결국 세관을 통과했다.

이 웃지 못할 일화는 서구 환경 보호법에 내재한 환경주의와 원주민이 생각하는 환경이란 개념 사이의 괴리를 드러낸다. 독일은 야생동물 밀매를 법으로 엄격히 단속하고 있으며, 이는 세계에서 가장 파괴적인 암시장 가운데 하나에 대응하기 위한 국제 공조의 일환이다. 반면 아드리아누에게 '야생' 새의 깃털로 만든 머리장식은 지극히 자연스러운 전통문화의 산물이며 수백 년, 아니 수천 년간 세상에서 가장 풍부한 생물다양성을 갖춘 열대우림에 악영향을 미치지 않은 원주민적 생활 양식의 자랑스러운 상징이다. 코카르는 불법 반입물이 아니라 카리푸나족과 숲의 깊은 관계를 실체적으로 보여주는 증거이다. 더욱이 그는 아마존 원주민(그의 생각에 이 숲의 '유일무이한' 수호자)들을 대표해 숲을 파괴하는 세력에 맞서는 그들의 힘겨운 투쟁을 지지해 달라는 긴급한 메시지를 전하기 위해 유럽까지 날아온 터였다. 과거는 물론 현재에도 원주민 학살과 아마존 파괴에 가장 큰 책임이 있는 유럽인들에게, 그는 특히나 할 말이 많았다. 그들이 최소한으로 할 수 있는 일이 있다면, 숲의 생명과 원주민의 피로 물든 상품을 사고파는 일을 중단하는 것이라고 엄중히 경고하려고 마음먹고 있었다. 그런데 맙소사, 그런 자신이 첫 관문인 공항에서부터 심문을 받는 것도 모자라, 다른 것도 아닌 잠재적인 환경 범죄자로 취급받고 있다니! 이 모두가 터무니없고 부조리하게 느껴진 나머지, 그도 모르게 입에서 잊지 못할 문장이 터져 나온 것이다. "내가 환경[을 수호하는 사람]이란 말이오!"

원주민이 스스로 칭하는 '숲의 수호자(혹은 지킴이)'라는 말은 장 자

크 루소 같은 고전주의자들에서 시작해 영화 「아바타」 시리즈까지 이어질 정도로 역사가 긴, 생태적으로 '고결한 야만인'의 이상적인 이미지를 연상케 한다. 그러나 이런 상상은 경험적 증거보다는 모호한 가정에 근거할 때가 많다. 원주민들이 정말 서구의 기준대로 '환경친화적' 요건을 충족할까? 가령 다음과 같은 행동을 보이는 개인이나 집단을 상상해 보자.

> 재활용이나 쓰레기 처리에 거의 관심이 없고, 이동/운송 수단은 무엇이든 가리지 않는 사람. 에너지 사용을 자제하지 않고, 친환경 정책이나 정당에 대한 뚜렷한 지지 성향이 보이지 않는 사람. 탄소 발자국 감소와 무관한 식단을 유지하고, 아무런 제약이나 사전 허가 없이 정기적으로 야생동물을 죽이는 사람.

서구에서라면 이런 사람을 '환경주의자'로 분류하기 어렵겠지만, 이는 원주민들이 일상을 영위해 나가는 일반적인 방식이다. 그렇다면 이런 사람은 어떤가.

> 썩지 않는 쓰레기는 거의 배출하지 않고, 늘 대중교통을 이용하거나 웬만하면 걸어 다니는 사람. 전기 에너지는 대부분 소규모 태양열 발전 시스템에 의존하고, 화석연료는 제한적으로, 조금만 소비하는 사람. 기본적으로 삼림 파괴를 일으키는 대규모 개발에 반대하고, 탄소 발자국이 미미한 생활 방식을 따르며, 전 세계의 생물다양성을 좌우하는 주요 지역을 보존하는 데 크게 공헌하는 사람.

앞서 언급한 경우와 사뭇 달라 보이지만, 이 역시 원주민의 생활 방식을 무리 없이 기술하고 있다. 아이러니하게도 상당수의 서구인들은 친환경적 '실천 요건'을 두루 충족하며 생활하는데도 전체적으로 따졌을 때 환경에 부정적인 영향을 끼치는 반면, 원주민들은 그런 기준을 일일이 충족하지 못하는데도 종합해 보면 놀라울 정도로 친환경적인 결과를 낳는다. 원주민의 존재 양식은 마치 "어진 사람은 나이 칠십에 접어들어 마음 가는 대로 행동해도 법도에 어긋나지 않는다"는 공자의 말을 떠올리게 한다. 말하자면 사람이 곧 법도이고, 법도가 곧 사람인 경지인데, 어쩐지 아드리아누가 내뱉은 말과 비슷하게 들린다. "사람이 곧 환경이오!"

학계에서는 여전히 원주민이 과연 환경·보존주의자인지 증명하거나 반증하려는 연구들이 이뤄지고 있지만, 어느 관점에서 봐도 그들의 생활 방식이 그 대척점에 위치한 서구 현대인들보다 훨씬 지속 가능하고, 생태 친화적이며, '녹색'이라는 사실에는 의심의 여지가 없다. 이미 수백 년 이상 숲과 공존해 온 것으로 증빙은 완료됐다. 백인들이 그들의 땅을 파괴하는 동안 원주민들은 그것을 유지해 왔다. 그들은 현재 지구상에서 숲에 해를 끼치지 않은 채 살아가는 유일한 집단이고, 그 결과가 아마존 아닌가? 그러니 철저히 결과 중심적인 관점에서 보더라도 원주민은 환경친화적이 아닐 수 없다. 무슨 증거가 더 필요한가?

하지만 여기에도 함정은 있다. 원주민 사회가 변화를 모르는, 특정한 역사적 시간에 고정된 '차가운' 사회라는 오해다.[45] 실제로 꽤 극단적인 사례들도 나타나는 중이다. 이를테면 기계화된 대규모

---

45 — 레비스트로스는 문명사회를 과도한 변화를 추구하는 '뜨거운 사회'로, 원시사회를 변화가 석어 답보 상태로 보이는 '차가운 사회'로 대조해 설명하려 했지만, 그동안 수행된 인류학의 숱한 선행 연구들은 원주민 사회 역시 변화에 민감하고 이를 적극적으로 꾀할 수 있음을 보여준다. Jonathan D. Hill, *Rethinking History and Myth: Indigenous South American Perspectives on the Past* (University of Illinois Press, 1988) 참조.

대두 농사에 뛰어든 파레시족의 경우를 살펴보자. 마투그로수주에 거주하는 파레시족의 한 공동체는 브라질의 전임 대통령인 자이르 보우소나루 재임 시절, 아마존 '개발'이라는 보수 세력의 정치 의제를 띄우기 위해 소위 '개발 찬성론자 원주민'을 홍보하는 데 동원되면서 각종 지원 및 보조금을 받았다. 언론에 나온 것만 보면 대두 농사를 통해 상당한 수입을 올리고 있는 것으로 보인다. 물론 이런 사례는 극히 일부에 불과하다. 여전히 대다수 원주민 사회는 대두 농사류의 대규모 개발 사업에 참여하지 않거나, 적극적으로 반대하고 있다. 대두 농사 프로젝트를 이끄는 파레시족의 대변인 역시, 그들이 이런 사업에 참여하는 함의가 왜곡되지 않았으면 한다는 신중한 태도를 보였다. 한 인터뷰에서 그는 파레시족의 땅이 이미 오래전에 벌어진 삼림 파괴로 더 이상 자급자족할 수 있는 상태가 아니며, 오히려 콩 재배에 적합하다는 점을 강조했다. 상황이 달랐다면 다른 선택을 했을 거라고 그는 인정했다. 즉, 파레시족은 변해버린 환경에서 생존하기 위해 어쩔 수 없이 이 길을 걷게 됐지만, 이것이 모든 원주민들이 가야 할 길은 아니라는 것이다. 하지만 여전히 의문은 남는다. 만약 원주민 사회가 전반적으로 변화한다면? 미래의 어느 날에, 이런 길이 대다수 원주민이 따를 수밖에 없거나 선호하는 비전이 된다면 어떻게 될까?

2000년대 초 항간에 떠돌던 말이 있다. "모든 중국인이 미국인처럼 살게 되면 지구는 멸망할 것이다." 당시는 불본 시금도 터무니없을 정도로 자원/에너지 집약적인 생활을 누리는 평균적인 미국인과[46] 경제적으로 빈곤하지만 머릿수는 압도적인 중국인의 현실을 반영해 미래를 상상해 본 말이었다. 그런데 현재 중국은 세계 2위의

---

46 — Ulrich Brand and Markus Wissen, *The Imperial Mode of Living: Everyday Life and the Ecological Crisis of Capitalism* (Verso, 2017) 참조.

경제 대국이 되었고 생활수준 역시 하루가 다르게 변하고 있으니, 이 시나리오는 근미래에 현실이 될지도 모르겠다. 다만 자연환경, 특히 지구에 얼마 남지 않은 보호구역들에 가장 즉각적인 충격을 가할 이보다 더 파괴적인 시나리오는, 전 세계 모든 원주민이 북미인의 라이프스타일을 좇는 것이다. 그런 미래가 온다면, 많은 세계들이 종식을 피할 도리가 없을 것이다.

그렇다면 우리는 원주민의 삶이 변화하는, 혹은 '개선'되는 것을 막아야 할까? 물론 아니다. 그건 불가능할 뿐만 아니라 비윤리적인 발상이다. 누가 누구의 변화를 막을 권리가 있단 말인가? 게다가 삶을 위해 생활 조건을 개선하겠다는데? 물론 일부 부도덕한 위정자들은 이들 소외/취약 계층을 그저 "내버려 두는"[47] 것만으로도, 이들의 삶의 질이 개선되는 것을 가로막고 있다. 그리고 이런 무리에는 익히 알려진 원주민들의 '적'(개발론자 및 지지자)들만 포함되는 것이 아니다. 안타깝게도 원주민의 땅과 숲 보호를 목표로 노력하는 '협력자들'도 포함될 수 있다. 원주민이라는 정체성을 땅의 권리에 종속시키는 것을 당연시함으로써 그들의 행복 추구를 의도치 않게 방해할 수 있는 것이다. 오해하지는 말자. 브라질 헌법에도 명시된 원주민들의 땅에 대한 기본권이 아무런 조건 없이 보장받아야 한다는 데는 한 치의 의심도 있을 수 없다. 그것은 명실상부한 최우선의 과제다.

다만, 그것이 최종 해결책인 양 제시되어서는 안 된다. 그것은 '이야기 끝'이 아니라 긴 이야기의 시작일 뿐이다. 쉽게 말하자면, 전 세계의 모든 사람들과 마찬가지로 (극소수 오지의 부족민을 제외하면) 원주민도 돈이 필요하기 때문이다. "문제는 경제야, 이 바보야"라는 정치 슬로건은 아마존이라고 예외가 아니다 앞서 살펴보았듯이 오로지 숲에서만 살아가는 '숲속 사람'은 더 이상 존재하지 않는다. 그러므로 그들이 요새 같은 영토 안에 들어앉아서 외부와 고립

---

[47] — Michel Foucault, *Society Must Be Defended* (Picador, 2003), 247

된 삶을 살도록 '보장하고 허용하는' 것만으로는 충분하지 않다. 원주민이 숲과 도시를 오가며 삶을 영위하는 현실은 이제 부인할 수도, 되돌릴 수도 없다. 게다가 이런 필요성은 점점 증가할 것이다. 원주민에게 땅에 대한 권리와 자율권만 보장하면 모든 문제가 해결되리라는 생각은 순진하거나, 비현실적이거나, 기만적이다.

그렇다면 부유한 사회나 국가가 원주민들이 수행하는 이른바 '생태계 서비스'(ecosystem services)에 대해 정당한 비용을 지불하는 방법은 어떨까? 한마디로 아마존을 지킴으로써 그곳에 살지 않는 다른 지구인의 삶에 기여했으니, 수혜국들이 일정한 대가를 지불하는 것이다. 이런 개념은 '녹색 경제' 혹은 탄소배출권 제도 등의 형태로 이미 시행되고 있다. 탄소 흡수 및 격리라는 공동선에 기여하는 원주민 공동체가 공인 기구(국립 혹은 민간)와 계약을 체결해 기후 행동 프로젝트를 수행하고, 감축된 탄소 배출량을 검증, 측정 받은 후 경제적 보상을 받는 방식이다. 예를 들어 해당 프로젝트에 참여한 국가나 기업이 지정된 숲을 보호한 원주민에게 다양한 방식으로 보상을 제공할 수 있다. 이런 탄소 프로젝트는 요즘 아마존에서 뜨거운 화두가 되고 있다. 어떤 원주민 공동체는 이미 특정 탄소 프로그램에 가입해 프로젝트를 진행 중이며, 일부는 검토 혹은 추진 준비 중이고, 또 일부는 전면 거부하고 있다.

현재 카리푸나족은 탄소 프로젝트를 거부할 태세다. 이유는 여러 가지인데, 일정 부분 협력 단체들의 영향도 있지만 잘못된 정보 탓도 있는 듯하다. 마을 구성원들과 대화를 해보니, 대부분 프로젝트에 대해 정보가 불충분한 상태에서 부정적인 견해를 품고 있었다. 가령, 탄소 프로젝트에 참여하면 사냥이나 농사를 금지당한다고 알고 있었다. 여러 사람의 입에서 "우린 앞으로 잎사귀 하나 못 건드리게 된다"는 출처가 불분명한 말이 되풀이해서 나왔다. 탄소 프로젝트를 거부하는 또 다른 원인은 제안받은 금전적 보상이 불충분하다고 여기기 때문이었다. 그렇다면 숲을 보호하는 대가로 얼마만큼의 보상을 받아야 공정하다고 여길까?

　장대비가 쏟아지는 어느 날 저녁, 나는 포르투벨류에서 탄소 프로젝트에 반대 입장을 견지한 카리푸나족 원주민 한 명과 함께 앉아 대화를 나누고 있었다. 그는 일부 이웃 부족들이 이미 탄소 프로젝트를 수용했다는 소식을 들었고, 기업의 후원으로 아마존을 구한다는 목표가 비현실적이며 많은 전문가들이 이를 '그린워싱'이라 비판하고 있다는 사실도 잘 알고 있었다. 그러나 그가 탄소 프로젝트에 회의적인 이유는 따로 있었다. 프로젝트가 제시하는 금전적 보상이 너무 적어서 "불공평하다"는 것이었다.

　한 프로젝트는 가구당 매월 약 900브라질 헤알(한화 약 21만 원)을 제시했는데, 그가 보기에 이것은 한 가족은커녕 한 사람에게도 터무니없이 적은 금액이었다. 그렇다면 적정 금액은 얼마인지 내가 묻자, 그는 필수 항목들을 열거하기 시작했다. 집세, 식비, 교육비, 교통비, 건강 관련 비용을 비롯해 전기, 인터넷, 휴대전화 요금, 공과금 등… 간략히 계산해도 가구당 한 달에 거의 7,000헤알(한화 약 160만 원)이 필요했다. 제안받은 돈의 거의 여덟 배에 달하는 금액이다. '900 대 7,000'의 차이는 외부인이 원주민에게 충분하다고 여기는 금액과 원주민이 합리적이라고 생각하는 액수 사이의 메우기 힘든 간극을 여실히 드러낸다. 금액도 금액이지만, 가장 심각한 점은 장기적 시점, 아니 당장 20-30년 후에 이런 합의와 계약이 어떤 결과를 초래할지 아무도 장담할 수 없다는 데 있다. 일부 전문가들은 숲을 보호하는 대신 금전적 대가를 받는 관행이 정착되면, 숲을 지키려는 동기가 미래 세대에게까지 전승되기 힘들어질 수 있다고 경고한다. 원주민과 숲의 관계 역시 완전히 달라질 수 있다. 이런 딜레마에서 벗어날 뾰족한 돌파구는 보이지 않는다.

2022년, 아드리아누는 다시 유럽을 찾았다. 이번에는 내가 거주하던 리스본으로 그를 초대할 기회가 생겼다. 브라질을 떠나기 전에 그는 초청 기관 측에 코카르의 중요성을 설명하는 공식 서한을 보내달라고 미리 요청했다. 예전에 독일 세관에서 겪었던 경험을 피하고 싶었던 것이다. 리스본 공항에 도착한 그와 인사를 나누자마자, 나는 그에게 세관 통과에 문제가 없었는지부터 물었다. 그는 "코카르를 수하물에 넣었기 때문에 괜찮았다"고 답했다. 그가 끌고 있는 캐리어는 짐으로 빽빽해 보였는데, 그 안에 섬세한 깃털로 장식된 코카르를 어떻게 넣었는지 궁금했다. 숙소(당시 내가 살던 집)에 도착한 나는 그에게 손님 방을 안내한 후, 혹시 코카르를 볼 수 있을지 넌지시 물었다. 이전의 일화를 알고 있었기에 (이 신성한 물건을) 조심스레 다루겠노라 약속하면서 말이다. 그는 "물론이지!"라고 대답하며, 캐리어를 열고 곧바로 코카르를 꺼냈다. 놀랍게도 코카르는 아무런 보호 장치도 없이 납작하게 눌린 채 옷가지 사이에 아무렇게나 끼어 있었다. 최소한 뽁뽁이 같은 완충재로 감쌌을 줄 알았는데, 전혀 아니었다. 그가 마치 싸구려 야구 모자인 양 아무렇지도 않게 코카르를 침대에 툭 '던졌을' 때는 한 번 더 놀랐다. 내가 코카르를 사진 찍어도 되냐고 묻자 그는 흔쾌히 그러라고 했다. 짧은 휴식을 취하고 오후가 되어 점심을 먹으러 나갈 때 그는 삭은 배낭에 코카르를 넣었는데, 내 눈에는 거의 '쑤셔' 넣는 것처럼 보였다. 점심을 먹으며 그는 이탈리아에서 있었던 일화를 들려주었다. 로마의 한 광장에서 그가 머리에 '짜잔' 하며 코카르를 쓰자 갑자기 주위의 모든 사람이 그를 쳐다봤고, 그의 주변은 온통 셀카를 함께 찍으려는 사람들로 북적였다. "마치 마술을 부린 것 같았다니까!" 그는 코카르의 효과에 대해 꽤나 자랑스러워하는 듯했다.

이렇게 신성하고 신통한 코카르를 다루는 아드리아누의 방식을 내가 연거푸 '거칠다'고 느끼는 이유는 무엇일까? 나에게 있어서 신성함은 문화적으로 '코드화'된 개념이기 때문이다. 무언가가, 혹은 누군가가 신성하다는 명제가 성립되려면 특정한 방식, 즉 공식적이고 눈에 띄는 사회적 표현이 동반되어야 한다. 예컨대 경건한 표정을 짓고, 사물은 두 손으로 공손하게, 차분한 몸짓으로 다루어져야 한다. 인류학자 로이 와그너는 『문화의 발명』(The Invention of Culture)에서 모든 인류학자는 타자에게 접근하기 위해 자신만의 문화를 발명해 낸다고 지적한 바 있다. 나 스스로 '발명한' 문화의 관점에서 볼 때, 아드리아누라는 원주민의 행동은 신성함과는 거리가 멀었다. 내가 아는 다른 연구자도 카리푸나족의 이웃 원주민 공동체 사람들이 새장에 가두어 키우는 하피독수리를 다소 '거칠게' 다루는 걸 보고, 이들은 동물을 신성하게 여기지 않는다고 결론 내렸다. 그러나 원주민이 가진 문화적 코드가 우리와 다르거나, 신성한 행동 또는 신성함에 관한 개념 자체가 다를 수 있다.

'원주민의 환경주의'를 생각할 때 우리가 흔히 저지르는 실수도 이와 맥락을 같이 한다. 우리 사회에서 통용되는 환경주의 개념과 기준을 원주민에게 그대로 투사하면, 그들의 행동은 '실격'일 공산이 크다. 우리가 정한 틀에 그들이 들어맞을 리가 만무하다. 원주민과 협력하려는 많은 시민단체들이 선의로 고안한 적지 않은 환경 프로젝트 중 상당수가 실패하는 이유 역시 이 때문일 것이다. 나는 '생태주의자 원주민'이라는 주제를 다루는 많은 연구들이 채택하는 관점이 근본적으로 서구 중심적이고 시대착오적이라는 인류학자 폴 나다스디의 비판에 동의한다.[48] 생태계와 관련된 원주민들의 생

---

48 — Paul Nadasdy, "Transcending the Debate over the Ecologically Noble Indian: Indigenous Peoples and Environmentalism," *Ethnohistory*, 52(2) (2005): 291-331.

각과 행동을 제대로 이해하려면 먼저 우리의 편견과 기저에 깔린 인식의 틀부터 해체해야 한다.

카리푸나족은 기본적으로 수렵과 채집에 의존하지만, 채집 활동은 최근 들어 많이 감소해 주로 10월에서 11월 사이 수확하는 브라질너트에 집중되어 있다. 지금은 사냥이나 어획에 더 치중하는 편이다. 사냥은 다소 제한적인 종을 대상으로 이뤄진다. 가장 많이 사냥하는 동물은 흰입술페커리이며 따뻬르, 파카, 쿠라소우, 티나무 등이 뒤를 잇는다. 일반적으로 과도한 사냥은 비판의 대상이 된다. 파노라마 마을에서 나는 흰입술페커리나 따뻬르를 너무 많이 죽인 한 사냥꾼에게 마을 사람들이 강한 불만을 품는 것을 몇 차례 목격했다. 이는 우리에게 익숙한 환경·보존주의적 행동과 부합하는 것처럼 들리고, 어떤 면에서는 맞는 이야기다. 그러나 그런 불만의 이면을 들춰보면 또 다른 차원이 드러난다.

우선 카리푸나족은 불필요한(과도한) 살생, 그리고 동물의 사체를 먹지 않고 썩게 내버려 두는 행위를 '낭비'로 생각해 부정적으로 여긴다. 그들이 들려준 목격담 중에는 백인 사냥꾼이나 낚시꾼이 생명을 죽이고 허비하는 일화가 매우 많은데, 이런 행위는 한결같이 비판을 받는다. 그런데 흥미롭게도 카리푸나족이 볼 때 불필요한 살생을 저지르는 존재는 인간뿐이 아니다. 자이언트수달의 경우 카리푸나족 내에서도 의견이 엇갈린다. 어떤 이들에게 이 거대 수달은 생선을 너무 많이 죽이는 성가신 동물이다. 어떤 면에서는 원주민과 직접 경쟁하는 관계이며, 투척해 놓은 어망을 헤집어 망치기도 한다. 그래서 어떤 이들은 수달을 보면 죽이려 든다. 반면 이런 주장은 사실이 아니며, 수달을 그대로 내버려 두어야 한다고 생각하는 사람들도 있다. 흥미로운 건 카치카 할머니의 반응이었다. 그녀는 사냥

대상이 아니면 웬만한 동물을 죽이는 데 반대하는 편이고, 많은 동물에게는 존중해야 할 수호자나 정령이 있다고 생각한다. 이런 그녀를 잘 알기에 나는 그녀가 당연히 수달 '옹호파'일 것이라고 생각했다. 그러나 그렇지 않았다. 그녀는 수달 '척결파'의 주장에 동조하며, 이렇게 덧붙였다. "수달들은 많이 죽여놓고 먹지도 않아. 그냥 낭비한다고." 카치카는 비인간 동물인 수달에게 인간과 동일한 윤리적 잣대를 적용하고 있었다. 즉, 동물도 인간처럼 낭비할 수 있을뿐더러, 행위에 따른 책임도 동등하게 지울 수 있고, 고로 비난받아 마땅했다. 보통 동물을 '낭비'의 주체로 여기지 않는, 따라서 비판의 대상으로도 삼지 않는(비버 정도는 예외일지 모르겠다) 일반적인 서구의 생태·보존주의 개념과는 다르다.

하지만 깊이 파고들수록 카리푸나족에게 과도한 사냥의 문제는 동물 자체나 생태적 영향과 큰 관련이 없어 보였다. 물론, 이들 대다수는 과도한 살생이—전례 없는 속도로 지속된다면—종의 개체 수에 영향을 미칠 수 있다는 데는 동의하겠지만, 실제로 종의 멸종을 우려하지는 않는다. 그들도 종종 '멸종'이라는 말을 사용하지만, 이는 사전적 의미에서의 완전한 '절멸'이 아니라, 특정 동물이 다른 곳으로 흩어져서 인간의 시야에서 사라진 상태를 뜻한다. 즉 언젠가 다시 돌아올 가능성은 얼마든지 존재한다. 어떤 이들은 과도한 살생이 숲의 정령을 화나게 할까 봐 걱정하지만, 내가 최근에 경험한 대다수의 원주민에게는 이런 애니미즘적 사고가 사냥에 큰 영향을 미치고 있지는 않았다.

그렇다면 핵심은 뭘까? 과도한 사냥은 그와 관련된 사회적 처신에 따라 평가되고 있었다. 예컨대 사냥한 고기를 이웃과 제대로 나누지 않으면 동물을 너무 많이 죽였다는 비난을 받는다. 이때는 낭비도 부차적인 요소다. 충분히 만족스럽게 분배되었다면 죽인 동물의 양이나 사냥 태도가 비난받는 경우는 드물고, 낭비가 있었는지 역시 거의 따지지 않는다. 이런 패턴은 반복적으로 관찰되었다.

어느 날 아침, 평상시와 달리 화난 것처럼 보이는 카리푸나족 남자와 마주쳤다. 무슨 일이 있냐고 묻자 어제 아무개가 따삐르를 너무 많이 죽였다는 것이다. 얼마나 죽였냐고 물으니 두 마리라고 했다. 그가 화가 난 이유는 그 사냥꾼이 고기를 나누지 않았기 때문이었다. 자기와는 한 점도 나누지 않았다는 것이다. 다른 이유는 없는지, 혹시 동물을 둘이나 죽인 점도 분노를 자극하는지, 화제를 돌려보려고 시도해도 이야기는 계속해서 고기를 나누지 않은 데 대한 비난으로 되돌아갔다. 이 사례들만으로 공정한 분배나 공유에 대한 강한 의식이 원주민이 환경에 미치는 '선한 영향력'의 원인 중 하나라고 단언할 수는 없어도, 그러한 사회-생태적 기제가 발달하는 데 기여했을 가능성은 높아 보인다.

사회적 관계성은 원주민들의 삶에 있어 아무리 강조해도 지나치지 않는 중추적인 요소다. 그것의 무게는 때로는 땅에 대한 권리라는 최우선 사안마저 넘어서기도 한다. 어느 날 저녁, 나는 다른 카리푸나족 남자와 인터뷰할 기회를 잡았다. 벌써 한 달 전부터 그를 인터뷰하기 위해 쫓아다녔는데, 그가 퉁명스럽게 차일피일 미루는 바람에 어렵사리 마련한 자리였다. 저녁 7시경, 약속 시간보다 조금 늦게 그의 방을 찾아가 이야기를 나누기 시작했다. 그는 여전히 대화를 나눌 기분이 아닌지, 내가 던진 여러 질문에 단답형으로 대답했다. 이윽고 내가 현재 만연하는 영토 침범 문제, 그리고 그들에게서 땅의 권리를 앗아가려는 일부 브라질인늘의 위협에 관한 그의 소견을 묻자 그는 뜻밖의 반응을 보였다. "그거 알아요? 땅, 침범, 어쩌고저쩌고… 솔직히, 아무래도 좋아요. 모두 나만 미워하거든요. 난 왕따라고요. 여기에 속하지도 않아요. (…) 땅? 뭘 위해서요? 나한텐 어차피 이런들 저런들 다 똑같아요. 다들 날 따돌리기만 하는데, 내가 왜 신경 써야 하죠?"

당시 그의 침울한 기분이 답변에 영향을 미친 것은 자명하다. 아마 다른 날 같은 질문을 던졌다면 다른 말을 했을 것이다. 그가 수

년간 자랑스러운 카리푸나족으로서 다른 이들처럼 숲을 지키기 위해 열심히 싸워왔음을 알기 때문이다. 하지만 그의 대답은 그런 사람이라도 이렇게 '축 처진' 상태에서는, 특히 동족으로부터 제대로 인정받지 못한다고 느껴지면 '우리 땅을 수호한다'는 대의도 귀에 안 들어올 수 있음을 보여준다. 부족 최후의 보루마저 저버릴 정도로 그가 느끼는 좌절 혹은 슬픔이, 적어도 그 순간만큼은 극에 달한 것이다.

그의 감정 섞인 발언을 진의로 받아들이기는 조심스럽지만, 심리적 고립을 느끼는 원주민의 마음이 어떤지 들여다볼 수 있는 창문을 제공한 셈이다. 평소에는 입에 담지 않는 이런 생각들은, 깊은 고립감과 소외가 찾아올 때 고개를 들기 마련이다. 원주민에게 대대로 전해진 땅과 숲이 아무리 중요할지언정 사회적 응집력과 상호 신뢰가 가진 힘에 비할 바는 못 된다. 이러한 사회적 뼈대가 허약해지면 장소라는 것의 의미는 생각보다 쉽게 휘발한다. 식민 개척자들이 언제나 분할통치 전략을 구사하는 것도 이런 이유일 것이다. 내부로부터 싹튼 균열만큼 한 공동체를 쉽고 확실하게 와해시킬 수 있는 것은 없다.

어쩌면 '생태적인 인디언(원주민)'이라는 표현에서 '생태'는 '원주민'보다 덜 중요한 개념일지도 모른다. '원주민-되기'는 하나의 집단, 공동체, 부족에 속하는 감각을 포함한다. 집단과 정체성 없이 원주민이라는 존재는 성립하지 않는다. 모든 인간은 사회적 동물이지만, 어떤 면에서 원주민은 우리보다 더욱더 사회적인 존재다. 그렇기에 소속 공동체의 다른 구성원들에게 배제당하는 것만큼 원주민을 불안에 빠뜨리는 일도 드물 것이다. 반대로, 소속감이 회복되며 다시 모든 것이 잘 굴러가기 시작한다. 정치적 삶이든, 문화적, 경제적 혹은 환경적 삶이든. 그러나 그 역은 성립하지 않는다.

9장
유산

엘리자베스는 할머니다. 그녀는 1926년 런던 메이페어의 유서 깊은 집안에서 태어났다. 그녀의 집안은 나라에서 가장 부유하고 강력한 가문 중 하나이며, 그녀에게 엄청난 유산을 물려주었다. 여기에는 그녀의 가문이 대대로 누려온 영국 전역의 최고급 궁전과 저택 같은 부동산이 포함된다. 그녀가 가진 헤아릴 수 없을 만큼 많은 (유무형의) 부의 합법성에 대해 감히 의문을 제기하는 사람은 없다. 아무도 특별한 허가 없이 그녀 가문이 보유한 건물에 (침입은커녕) 들어갈 엄두를 못 내는 것은 물론이다. 그녀가 물려받은 유산은 비싼 보안 서비스를 통해 철통 경호를 받는다. 그녀 혹은 그녀 가문이 보유한 비옥한 대지의 권리를 단 1에이커라도 빼앗겠다는, 그래서 어떤 개발 사업에 쓰겠다는 시도가 있었다는 말은 들어본 적이 없다. 사회 변두리의 몇몇 급진주의자들의 비판을 제외하면, 사람들은 대개 그녀와 그녀 가족에게 애정 어린 존경과 찬사를 (혹은 적어도 관심을) 보낸다.

카치카도 할머니다. 그녀는 1950-60년 무렵 브라질 혼도니아주 어딘가에서, 역시 그 나라에서 가장 오래된 가문 중 하나에서 태어났다. 그녀의 가문은 한때 (그녀의 기준으로는) 강력하고 부유했으며, 오늘날까지도 그들의 삶의 터전인 아마존 숲에서 수백 수천 년간 번영을 누려왔다. 이로 인해 그녀는 현재 카리푸나족의 원주민 땅이라고 불리는 숲을 '물려'받았다. 이것이 그녀와 그녀 가문이 합법적으로 물려받은 유일한 유산이다. 엘리자베스와 차이점이 있다면 (압도적인 사회·정치·경제적 격차는 차치하고서라도) 카치카는 땅의 소유권이 아니라 점유·사용권만 물려받았다는 점이다.[49] 따라서 그녀는 땅의 소유자로서는 법적인 인정이나 보호를 받지 못한다. 그녀의 땅은 다양한 양상으로 벌어지는 끝없는 분쟁에 취약하다. 이 점을 간파하고, 그녀에게서 땅에 대한 권리를 빼앗으려는 세력이 있다. 대개는 힘센 정치인, 기업형 농업 로비스트, 거대한 농장이나 목장의 소유주들이다. 그들은 대놓고 불법적인 토지 강탈을 획책하거나, 토지가 없는 사람들을 매수해 그녀의 땅을 불법 점유하도록 꼬드긴다. 그녀의 가족이 이들을 법적으로, 또 완력으로 막거나 쫓아낼 힘이 부족함을 알기 때문이다. 또한 카치카 같은 이들의 권리를 지킬 법적 의무를 진 브라질의 전임 대통령도 자신의 책무와 정반대로, 일반인들이 그녀의 땅을 침범하도록 공개적으로 부추기는 발언을 반복했다. 카치카에게는 불법 침입자로부터 그녀를 보호해 줄 단 한 명의 경비원도 없다. 그녀와 그녀 가족은 당국에 법 집행의 의무를 다해줄 것을 끊임없이 호소했지만 거의 묵살당했다. 그녀의 땅을 점유하거나 그곳에서 자원을 채취한 자들은 대부분 아무런 처벌도 받지 않았다.

엘리자베스는 어떻게 생계를 유지할까? 사냥, 채집 혹은 농사라도 지을까? 아니다. (사실 생계와 무관하게 여가로 가끔 오리나 여우 사냥을 한다. 그녀가 사냥총에 맞은 꿩의 목을 능숙하게 따는 장면은 화제가 되었다.) 그렇다면, 남들처럼 매일 9시에 출근해 오후 6시까지 근무라도 하나? 그것도 아니다. 하지만 엘리자베스는 굉장히 바쁘다. 그녀의 일과는 다양한 스케줄로 가득 차 있는데, 그녀를

---

49 — Pedro Calafate, "The Rights of the Indigenous Peoples of Brazil: Historical Development and Constitutional Acknowledgment," *International Journal on Minority and Group Rights* 25, no. 2 (2018): 183-209. '고유 권리'(original right)라고 불리며, 헌법에 의해 보장받거나 수여되는 권리는 아니지만 브라질 국가 성립 이전부터 지속된 유효한 권리로 인정받는다.

만나러 오는 전 세계의 유명 인사들과 담소를 나누는 일정이 대부분이다. 가끔은 공식 연설을 하기도 한다. 또, 대중 앞에 모습을 드러낼 때마다 환호하는 군중에게 손을 흔들어주는 일도 그녀의 정기 업무 중 하나다. 이 모든 일을 처리하는 것만으로도 시간이 정신없이 지나간다. 하지만 엄밀한 노동의 관점에서 보자면 그녀는 딱히 하는 일이 없다. 굳이 할 필요가 없기 때문이다. 생계유지나 (일반인은 상상할 수 없는 금액이 적혀 있을) 공과금 청구서 걱정 따위에 시간을 허비하지 않아도 될 만큼 많은 재산을 물려받았다. 하지만 이러한 불로소득이나 그녀의 직업윤리에 의문을 제기하는 사람은 없다. 반대로 아무도 시키지 않아도 대신 나서서 그녀의 지위와 권리를 열성적으로 옹호하는 사람들은 차고 넘친다.

카치카 역시 매우 바쁘다. 뇌졸중에 걸리기 전에는 아침부터 저녁까지 일에 전념했다. 숲의 일상은 시계에 쫓기지는 않지만, 그녀의 일과는 꽤 규칙적이다. 사냥, 어획, 밭일을 비롯해 각종 허드렛일이 그녀를 온종일 바쁘게 만든다. 그녀는 또한 앵무새와 닭(식용이 아님)을 돌보고, 짬이 날 때면 수공예, 도예, 노래 등 그녀가 보유한 전통 지식을 다음 세대에게 전수할 책임도 있다. 그러나 그녀의 땅이 외부 침입자들의 위협을 받기 시작한 이후 일상은 그녀에게 녹록지 않다. 게다가 2000년대 초반 강 상류에 댐이 건설된 이후, 자연적이지만은 않은 재해도 부쩍 잦아졌다. 2014년과 2023년에는 마을 전체를 집어삼킨 홍수로 큰 피해를 입기도 했다. 다행히 지금은 거의 복구되었다. 이렇게 어려운 상황에서 힘겹게 살아가야 하는 것도 모자라, 그녀와 동족들은 끊임없는 비난과 조롱의 표적이 된다. 그녀와 같은 '인디언'(콜럼버스가 인도에 도착했다고 착각한 지 500년이 넘게 흘렀음에도 여전히 이렇게 잘못된 이름으로 불린다)들은 '게으르고' '비생산적'인 부류이며, 해먹에서 낮잠이나 자면서 온종일 놀고먹는다고 말이다. 또 직업윤리, 계획성은 물론 삶의 개선 의지가 부족할뿐더러 열등하고 하등한 인간으로 차별당한다. 공개 석상에서 그들을 동물에 비유했던 전임 대통령을 필두로, 이런 편견은 공공 영역에서 노골적으로 표출된다.

엘리자베스도 사람들의 추앙만 받는 것은 아니다. 비난을 면하지 못할 때도 있다. 예를 들어 소수의 아프리카인들은 그녀에게 왕가와 정부의 묵인 아래 자행된 나이지리아의 대량 학살에 대해 '영연방'의 수장으로서 책임을 지라고 촉구한다.[50] 그러나 엘리자베스는 이 문제에 대해 책임을 인정하거나 사과한 적이 없다. 그녀의 가문과 그들이 누린 체제가 과거 식민 시대에 저지른 수많은 잔악 행위에 대해서도 마찬가지다. 관심만 있으면 누구든 이런 정보를 쉽게 얻을 수 있지만 사람들은 어두운 역사적 사실을 외면하는 편을 선호한다. 언론 매체들도 대부분 그녀를 전설적인 위인으로 그리기에 바쁘다. 하지만 그녀 가문의 역사를 조금이라도 파헤쳐 본 사람이라면 누구나, 가난하고 약한 나라와 국민을 착취해 온 제국주의와 식민주의의 팽창에서 그들이 수행했던 중추적 역할과, 그 혜택을 누려 온 역사를 간과하기 어렵다. 그녀의 선조들이 저지른 학살·강탈 같은 잔혹하고 끔찍한 행위들이 엄연히 기록으로 남아 있지만, 사람들은 별로 신경을 쓰지 않거나 그녀와는 무관한 일로 치부한다. 그녀와 그녀 가문은 여전히 찬사와 존경을 받으며, 나라의 영광을 안팎에 알리는 자랑스럽고 휘황찬란한 상징으로 여겨진다. 이것이 그녀가 '엘리자베스'란 이름 대신 '전하'라는 호칭으로 불리는 이유다. 아무도, 그 어떤 강대국의 수장조차도 그녀와 신체적 접촉을 하면 안 된다. 아무리 우호적이고 정중한 방식일지라도 말이다. 버락 오바마 전 미국 대통령의 영부인 미셸이 인사차 그녀의 등을 살짝 만져서 스캔들이 일어났을 정도로, 그녀는 신성한 존재처럼 여겨진다.

카치카는 그 어떤 학살이나 착취에도 일말의 책임이 없다. 오

---

50 — 카네기 멜런 대학교에서 현대 언어학을 가르치는 우주 아냐 교수가 대표적이다.

히려 반대다. 그녀 가문은 집단 학살 혹은 인종 청소에 가까운 경험을 겪은 희생자이자 국가 폭력의 생존자다. 그녀 가문을 비롯해 그녀의 종족 전체는 유럽 '정복자'들이 저지른 수많은 학살에서 가까스로 살아남았다. 포르투갈 함선이 브라질 대서양 연안에 처음 도착한 1500년 이후 살해되거나 강제로 이주당한 먼 조상만 해도 수백만 명이 넘는다. 1900년에서 1957년 사이에만 80개가 넘는 원주민 공동체가 파괴당했으며, 원주민 인구는 80퍼센트 이상 감소했다.[51] 하지만 현대사회에서 이 문제를 심각하게 고민하는 사람은 별로 없다. 대신 카치카와 그녀의 부족은 시대에 한참 뒤처진 '원시인'이라는 조롱과 차별을 당한다. 게다가 경제개발의 걸림돌이라며 비난까지 받는다. '전하'라고 불리는 엘리자베스와는 달리 많은 사람이 카치카의 동족을 '천하'게 여긴다. 그녀의 숲 마을을 찾는 외지인들은 그녀를 스스럼없이 대하며, 양해를 구하지도 않은 신체 접촉으로 일방적인 친근감을 표한다. 아마존 부족의 이국적인 모습을 카메라에 담기를 원하는 기자들은 그녀에게 포즈를 취하거나 노래 부르기를 요구하는 등 원하는 대로 '연출'을 시킨다. 물론, 그들은 다시 돌아오지도, 그녀에게 소식을 보내오지도 않는다.

2022년 9월, 엘리자베스가 세상을 떠나자 전 세계에서 그녀를 향한 조의와 애도의 물결이 쏟아졌다. 사망한 즉시 국내외 모든 언론들이 그녀의 죽음을 앞다투어 보도했다. 텔레비전이나 인터넷에 접속할 수 있는 사람이라면 그녀의 부고를 피할 도리가 없을 정도였다. 추모 현장에서 조용히, 평화적인 방식으로 그녀와 그녀 가문에 관한 불편한 진실을 지적하는 시위를 한 몇몇 시민은 법적 근거도 없이 경찰에게 체포되어 끌려갔다. 오늘날에도 엘리자베스는 못사

---

51 — 100만 명 이상의 인구가 약 20만 명으로 줄어들었다. Alexander L. Hinton, *Annihilating Difference: The Anthropology of Genocide* (University of California Press, 2002), 57.

람들의 가슴속에 넘치는 애정과 함께 존경스러운 모습으로 기억되고, 기려진다.

카치카는 지금도 건재하다. 뇌졸중으로 쓰러진 이후에도 잘 버티고 있다. 그녀가 만약 세상을 떠나면 다른 많은 원주민의 죽음처럼 거창한 장례도, 엄청난 애도도 없을 것이다. 기사 한 줄 나가지 않을 것이다. 나나 당신처럼 그저 가까운 가족과 친구들만 그녀의 죽음을 기릴 것이다. 그리고 만약 그렇다면, 그것도 나쁘지 않은 결말이다. 어떤 원주민들은 훨씬 폭력적이고 비극적으로 죽음을 맞이하기 때문이다. 원주민 땅을 표적으로 삼는 사람들이 저지르는 무자비한 폭력은 아마존 곳곳에 만연하다. 특히 카치카가 사는 숲처럼 법의 손길이 잘 닿지 않는 곳이라면 그 위험은 더욱 크다. 일부 원주민 마을에서는 국가 권력도 원주민 핍박에 가담한다. 이렇게 안전장치가 전혀 부재함에도 불구하고, 카치카는 위축됨 없이 특유의 낙천적인 마음가짐을 유지하며 살아간다. 또한 그녀는 숲의 정령 미랑가가 자기 부족민을 보호하고 번영으로 이끌 것이라 굳게 믿는다. 나도 그녀의 낙관을 공유할 수 있으면 좋겠다.

"엘리자베스 2세 여왕을 아마존 구석의 듣보잡 인디언과 너무 진지하게 비교하는 거 아닌가요?" 군주제를 옹호하는 사람이라면 이 비교에 이의를 제기할지도 모르겠다. 글쎄, 안 되란 법이 있나? 내가 이런 비교를 하게 된 이유는 두 가지다. 2022년 엘리자베스 2세 여왕이 세상을 떠났을 때, 나는 카치카의 아들 아드리아누 카리푸나와 함께 포르투벨류에 머물고 있었다. 여왕의 죽음이 아마존의 작은 도시까지 전해질 정도로 모든 뉴스를 도배하고 있을 때였다.

처음에 아드리아누는 여왕의 죽음에 대해 거론하기를 꺼렸다. 하지만 내가 영국 왕실(혹은 왕족이나 귀족 일반)에 대해 탐탁지 않게 생각한다는 것을 눈치채자 이야기가 술술 풀려 나왔다. "[그녀는] 나쁜 짓을 많이 저질렀잖아. 아프리카 대륙 전역에서 수백만 명을 정복한 그녀 가문과 공모자 아니냐고." 아드리아누의 말에 나는 고개를 끄덕이며 이렇게 말했다. "그렇지, 하지만 아무도 그런 일은 언급하지 않는 것 같더라고." 아드리아누는 덧붙였다. "혼동도 의도는 아니었지만 인디언을 많이 죽였지. 하지만 그도 사람들이 많이 칭송하지." 그가 언급한 사람은 아마존 개척과 원주민 보호 정책으로 유명한 전설적인 브라질 군인 마르샤우 혼동이다.[52] 아드리아누 눈에는 과오 많은 왕족의 죽음에 이렇게 많은 사람들이 소란을 떠는 것이 이상해 보였다. 그는 대영제국의 만행에 수난을 당한 아프리카인들의 처지에 공감하며, 사람들이 아마존 원주민의 고통도 외면한다고 목소리를 높였다. 나는 그의 지적에 공감을 표하며, 그런 의미에서 왕의 목을 치고 군주제를 폐지한 나라들이 그나마 낫다고, 내가 프랑스와 포르투갈에서 살았던 것도 그런 이유라고 덧붙였다. 그는 말없이 미소만 지었다.

그날 아드리아누와 나눈 대화에서 명확히 드러나진 않았지만, 그때 이미 내 마음속에는 엘리자베스 여왕과 카치카에 대한 비교가 싹트고 있었다. 또 다른 (그보다 사소한) 계기는 이듬해 아드리아누가 페이스북에 올린 엄마의 생신 축하 글이었다.

> 이 특별한 날, 나의 여왕에게 사랑을 바칩니다. 어머니는
> 금이나 수정으로 만든 왕관을 써서가 아니라, 강인한

---

52 — 마르샤우 칸지두 마리아누 다시우바 혼동(Marshal Cândido Mariano da Silva Rondon, 1865-1958)은 서부 아마존 분지와 마투그로수주를 탐험하고 전신망을 건설했으며 평생 원주민을 지지한 것으로 유명하다. 그는 국립원주민재단(National Indian Foundation, FUNAI)의 전신인 SPI의 초대 수장이었으며 싱구 국립공원 조성을 도왔다. 혼도니아주의 이름은 그에게서 따온 것이다.

여성이기에 나의 여왕이며, 우리 카리푸나족을
이끈 여장부로서 1976년 외부와의 강제 접촉으로
벌어진 잔혹사도, 2014년과 2023년에 일어난 홍수도
이겨내셨습니다. 이 모든 끔찍한 일에도 불구하고
그녀는 투쟁을 멈추지 않았습니다. 어머니, 낳아주셔서
감사합니다. 넘치는 애정과 깊은 사랑에도요. 저 때문에
잠 못 이루신 밤들이 죄송스럽습니다.

내가 앞선 비교에서 드러내고 또 강조하고 싶었던 진짜 대비는 배경이 전혀 다른 두 사람 간의 당연한 차이가 아니다. 그보다는 두 가지 유산과 관련된 우리의 인식, 즉 누가 무엇에 관해 '천부의' 권리를 가지는지에 대한 기준, 어떤 것은 당연시하면서 어떤 것은 당연하다는 듯 문제 삼는, 실은 조금도 당연하지 않은 시차 그 자체이다. 사실 카치카의 자리에 땅에 대한 권리를 물려받은 브라질의 다른 원주민을 바꿔 생각해 봐도 이 비교는 똑같이 유효하다.

한쪽에는 물려받은 땅에 대한 원주민의 권리가 있다. 이는 공공연히, 일상적으로 도전받고 있지만 사실은 역사적으로든 논리적으로든 쉽게 정당화될 수 있는 권리다. 다른 한쪽에는 왕실이 물려받은 온갖 유산(토지는 그중 극히 일부에 불과하다)에 대한 권리가 있다. 이는 정의와 공정의 원칙에 반하는 수많은 역사적, 사회적, 도덕적, 윤리적 결함에도 불구하고 폭넓게 수용되고 정당화되고 있다. 어떻게 군주제의 직접적인 희생양이 된 많은 나라를 포함한 대부분의 국가에서 이런 서사가 받아들여지게 되었을까? 우리는 어쩌다가 이런 왜곡된 세계관을 스스로 함양하고, 위계와 권위, 지배 계급에 대해 신기할 정도의 긍정 편향으로 일관하게 된 것일까? 군주제가 많은 사람들의 문화에 깊이 뿌리 내리기에 충분할 정도로 오랜 시간 존재해 온 것은 사실이다. 그래서 균형 잡힌 관점에서 다시 볼 생각 없이 공기나 물처럼 당연시하기도 쉽다. 하지만 익숙함만으로

희생자들에 끼친 해악을 외면하는 행동이 정당화될 순 없다.[53] 왕족에 대한 찬양과 관용, 그리고 원주민에 대한 무시와 결례는 수치스러워해야 마땅한, 명백히 편견과 무지에서 비롯한 행동이다.

브라질에서는 원주민들이 국가에 아무런 기여도 하지 않고 그저 사회복지 혜택만 누리는 '무임승객'이라는 근거 없는 (반이민 정서와 익숙하게 공명하는) 차별적 담론이 대중 사이에 널리 퍼져 있다. 이러한 선입견은 비단 브라질에만 국한되지 않는다. 정도 차이는 있지만 전 세계 '현대인'의 대다수는 스스로 '문명화되고' '세련되고' '진보'한 존재이기에 '석기시대에 머물러 있는' 원주민보다 우월하다고 여길 것이다. 하지만 편견을 버리고 바라보면 왕과 같은 통치자나 수직적인 위계로 이뤄진 정치체제를 가진 적이 없다는 사실은 전혀 시대에 뒤떨어지거나 원시적인 것이 아니다.[54] 오히려 특정 가문에서 태어난 핏줄 하나만으로 특권이 자동으로 주어져야 한다는 생각보다 훨씬 문명화되고, 세련되고, 진일보한 측면도 있다.

군주제 지지자들이 펼치는 흔한 논리 중 하나로 왕가의 권력은 더 이상 과거와 같지 않아서 단지 '상징적'일 뿐이라는 주장이 있다. 그러나 이는 대중의 관심이 쉽게 실질적인 유무형의 경제적 권력과 결과로 둔갑하는—심지어 일정한 정치적 영향력으로 이어지는—주목 경제의 시대에 현실을 망각한 얘기다. 태어남과 동시에 일반인은 상상도 못 하는 전 세계의 주목을 받을 수 있는 조건이 그저 껍데기뿐인 상징에 불과할까? 매체 다변화 시대에 클릭 하나, 뷰 하나를 얻기 위해 (과장 좀 보태서) 전 인류가 온갖 채널을 통해 안간힘을

---

53 — 극소수이긴 하지만, 실제로 왕족이 물려받은 유산 상당수를 불법으로 규정하고 폐지해야 한다는 강력한 주장도 존재한다. Graham Smith, *Abolish the Monarchy: Why We Should and How We Will* (Transworld Publishers Ltd., 2023[1999]) 참조.
54 — 이것이 피에르 클라스트르가 『국가에 대항하는 사회』(The Society Against the State)에서 주장한 바다.

쓰는 시대에, 엄청난 '주목 자본'이 덜컥 보장되는 일만큼 큰 특혜도 없으리라. 지금도 주류 미디어를 포함한 전 세계의 뉴스 네트워크들이 수백만 명의 시청자들에게 시간과 에너지를 쏟아 왕실의 스토리를 '팔로우'하도록, 관련 상품을 구입하도록 유도한다. 우리가 이런 관심의 단 일부라도 (그 누구보다도 그러한 '유산'을 물려받을 자격이 있는) 원주민들의 투쟁에, 또 아프리카와 그 너머에 있는 대영제국의 희생자들에게로 돌릴 수만 있다면! 이런 의미에서, 나는 이 지면을 빌려 영국 왕실에 촉구한다. 통치의 역사를 뻔뻔하게 경축하는 다이아몬드 주빌리(diamond jubilee)[55] 따위에 신경 쓰는 대신, 대영제국과 왕실이 저지른 만행에 대한 빚을 직접 갚는 '부채 변상제'(reverse debt jubilee)를 실시하라! 그렇게 해도 역사적 희생자들에게 진 빚을 갚으려면 갈 길이 멀지만 말이다.

---

55 — 주빌리는 '안식년'이 되면(7년이 지나면) 자동으로 빚이 없어지도록 규정한 고대 법률에서 비롯한 말로 'debt jubilee'는 '부채희년'이라고도 불린다. 이 개념은 성경 시대부터 시작되었지만 오늘날 영국 왕실의 주빌리는 왕가의 삶과 통치를 기념하는 의식과 관계될 뿐, 부채와는 아무 관련이 없다. 영국 왕실의 공식 웹사이트(https://www.royal.uk/history-jubilees-0)에 게재된 주빌리의 의미를 봐도 부채에 대한 언급은 찾아볼 수 없다.

10장
아마존 대 아마존

미국 워싱턴주 벨뷰에 있는 차고 겸 임시 사무실에서 영어 사전을 넘기던 젊은 벤처 사업가 제프 베이조스가 '아마존'이라는 단어를 발견하고 지구에서 가장 큰 강의 이름이 자기 벤처 회사의 이름으로 제법 어울리겠다는 생각을 떠올렸을 때만 해도(당시 그가 차린 온라인 서점의 이름은 '카다브라'였다) 앞으로 일어날 아이러니한 '악연'은 예측도 할 수 없었을 것이다. 그러나 '아마존'이라는 단어를 들으면 대부분 남미의 열대우림이 아닌 미국의 온라인 쇼핑몰을 먼저 떠올리는 시대에, 전혀 동떨어진 두 개의 실체가 같은 이름을 공유한다는 사실은 이제 우연보다는 징후처럼 읽힌다. 이 둘보다 더 대조적이기도 힘들기 때문이다.

가장 먼저 떠오르는 뚜렷한 대조는 현재의 기후 체제에서 완전한 대척점에 위치하는 둘의 상징성이다. 전자는 남반구에 자리잡은 전 세계 자연 보전의 최전선으로서 지구의 귀중한 탄소 격리원이자 어마어마한 생물다양성의 마지막 요충지이다. 반면, 후자는 엄청난 오염과 탄소 배출의 주범일 뿐 아니라 많은 학자들이 전 지구적 위기를 일으킨 원동력으로 꼽는 소비수의 분화와 현내적 '채물 자본주의'의 선봉에 선 북반구의 초대형 사기업이다.

두 아마존의 이야기는 과학기술학자 브뤼노 라투르가 '근대화'와 '생태화'라는 상반되는 두 진영의 주체들에게 각각 붙인 이름을 따 서술할 수도 있다. 한쪽에는 자신만 예외로 두고 다른 모든 존재에 대한 착취를 정당화하는 안트로포스(anthropos, 인류 또는 인간)가, 다른 한쪽에는 자신의 이익을 지구에 사는 다른 존재들의 이익과 일치시키려는 어스바운드(earthbound, 지구에 묶인 자)가 있다. 인간 대 자연이라는 데카르트식 이분법을 옹호하는 동시에 우리 삶의 최종 한계는 지구가 정한다는 사실을 인정하지 않는 안트로포스와 달리, 어스바운드는 인간과 자연의 영역을 존재론적으로 분리하는 대신 상호 의존성을 강조한다. 라투르는 어스바운드가 안트로포스와 반목을 거듭하며 적과 아군을 새로이 정의하는 과정에서, 새로운 갈등의 장을 열고 새로운 정치적 형태의 어스바운드 사회를 탄생시켜야 한다고 주장한다.[56]

땅과 불가분의 관계를 맺고 살아가는 원주민들은 어스바운드의 현현 중 하나가 아닐 수 없다. 이와 대조적으로, 유사시에는 언제든 지구를 떠날 수단을 개발해 두려는 안트로포스들이 있다. 라투르는 억만장자들이 값비싼 우주여행 실험에 몰두하는 것이 우연이 아니라고 강조한다.(아마존의 베이조스도 이런 실험을 하는 주인공 가운데 한 명이다.) 라투르는 트위터를 통해 버진 그룹의 회장인 리처드 브랜슨이 우주여행 개발에서 경쟁 관계에 있는 다른 갑부인 베이조스나 일론 머스크보다 먼저 궤도에 진입했다는 뉴스를 공유하면서 이렇게 비판했다. "부자 아이들이 우주여행을 재미있는 관광거리로 사용하는 걸 보고 있자니, 무한 확장이라는 근대의 프로젝트가 얼마나 어리석은 종말을 맞이했는지 실감이 온다. 이제 땅에 착륙할 때다."

하지만 자본주의 기업의 정점에 선 이런 부자 족속들이 현실과 동떨어져 당분간 '착륙'할 의향이 없는 데는 이유가 있다. 특히 아마존닷컴은 현실에 발을 붙이기는커녕, '비대면 세계'를 지향하는 미래 비전과 사업 모델로 코로나바이러스 팬데믹 기간에도 디지털 경

---

56 — 2013년 라투르가 기포드 강연에서 제안한 이론적 개념인 Terrans(땅의 사람들), Terrestrials(땅의 존재들), Earthlings(지구 생명체)도 참조할 만하다. https://www.earthboundpeople.com/earthbound-people/; https://blog.uvm.edu/aivakhiv/2022/08/22/the-age-of-migrations-to-come/.

제·배송 문화를 선도하며 주가가 급등한 소수의 기업 중 하나로 칭송받았다.[57] 아마존닷컴이 그리는 미래에는 인간들끼리 직접 접촉할 필요가 없다. 가상의 '무균' 공간 속에서 무한 반복되는 쇼핑이 행복을 약속한다.

물리적 장소에 기반을 두고 살아가는 삶의 전형인 아마존 숲에서의 생활은 이와 정반대다. 여기서 장소성은 모든 것을 압도한다. 그 어떤 배송 서비스도(우편 시스템조차도) 아마존의 외딴 숲 마을까지 도달하지 못한다. 배달 따위는 일체 불가능하며, 모든 일은 인간-비인간 생명체 간의 지속적인 대면과 접촉을 통해 이뤄진다. 사방이 접촉과 균으로 가득하고 디지털 기술은 큰 힘을 발휘하지 못한다. 숲에 사는 원주민들에게 배달 플랫폼 서비스를 이용하게 하려는 생각은 이글루에 사는 이누이트족에게 냉장고를 팔려는 사업 아이디어만큼이나 터무니없다. 현재 고속 성장 중인 드론 배송 기술이 널리 상용화된다고 해도, 정보 간섭이 수시로 일어나는 우거진 열대우림에서는 통하지 않을 것이다.(나는 각국의 취재진들이 정글에서 촬영 중에 이유 없이 신호가 끊겨 드론을 잃어버리는 모습을 여러 번 목격했다.)

아마존도 20년 전과 비교하면 숲과 도시 사이의 거리가 극적으로 줄어든 것이 사실이다. 카리푸나족의 숲 마을도 도로 사정이 개선되어 예전에는 수로와 육로를 이용해 이틀은 꼬박 걸렸던 거리를 지금은 자동차로 빠르면 네 시간 반에 주파할 수 있고, 마을 일부 공간에서는 인터넷도 이용할 수 있다. 그러나 여전히 만만한 거리는 아니다. 아마존 숲의 대부분은 지구상에서 이제 얼마 안 남은 통신

---

57 — 자본 주도의 개발 프로젝트와 고도로 연결된 교통망이야말로 인간이 가장 깊숙한 열대우림으로 끝없이 침범해 들어가게 하는 원동력임을 상기하면 이 모든 것이 더 역설적이다. 바로 이 때문에 바이러스가 '흘러넘쳐' 전 세계에 퍼졌기 때문이다.

서비스 불가 지역이자, 이동 시간이 가장 많이 소요되는 곳 중 하나일 것이다. 이런 물리적 거리를 단축할 수 있는 기술은 없다. 아니 기술 자체야 존재할지 몰라도, 수요와 손익을 따졌을 때 그것을 상용화하기 위해 투자와 개발을 할 기업이 나오기 어렵다. 일단 비용을 지불할 구매자가 없다. 브라질 전체에서 구매력이 가장 낮은 데다 수적으로도 적은 원주민들은 물론 이상적인 구매 집단이 아닐 것이다. 숲 마을까지 배송 서비스가 가능해지는 유일한 길은 도시가 점점 정글을 잠식해 숲이 더 이상 숲이 아니게 되는 상황뿐이다. 아마존이 여전히 아마존인 한, 그곳은 아마존닷컴이 필요도 소용도 없는 지구상의 몇 안 되는 곳이리라.

    배송 플랫폼 발달과 비대면 관계 증가는 아마존 같은 일개 기업의 주도 때문이 아니라 그저 세계적인 추세, 비가역적인 대세라고 말할 수도 있다. 그러나 이 기술 공룡이 시장에 접근하는 방식, 그리고 인간을 대하는 방식에는 확실히 남다른 데가 있다. 사회 뉴스에 밝은 사람들에게 다음과 같은 사실은 새삼스럽지도 않을 것이다. 가령 아마존닷컴 물류 창고 노동자들이 얼마나 형편없는 비인간적인 대우에 시달리는지(낮은 임금, 열악한 안전시설, 신체적 위험 노출, 산업재해 은폐 등), 노조 결성을 시도한 노동자들이 나중에 어떤 식으로 보복 해고를 당하는지, 노조 활동을 막기 위해 어떻게 알고리듬 기반의 최첨단 감시 프로그램을 사용해 24시간 내내 창고 노동자들의 움직임을 추적해 상부에 보고하는지, 심지어 깨끗한 식수와 통풍이 잘되는 화장실 같은 기본적인 업무 환경을 요구할 때조차 요주의 명단에 오르는지 말이다. 아마존의 온갖 사회적 문제점이 나열된 위키피디아 페이지를 확인해 보면 '스크롤 압박'에 놀랄 것이다.[58] 하지만 이것도 자유롭고 공정한 경쟁을 저해하는 이 회사의 유

---

58 — "Criticism of Amazon," https://en.wikipedia.org/wiki/Criticism_of_Amazon.

별난 사업 방식이 유발하는 수많은 폐해 중 일각에 불과하다. 2023년 미국 연방거래위원회(FTC)는 반경쟁적이고 불공정한 방법을 동원해 불법으로 독점적 지위를 유지함으로써 크고 작은 기업들이 판매하는 수십만 개의 제품과 1억 명이 넘는 소비자에게 불리한 영향력을 행사했다는 이유로 아마존을 기소했다. 재판은 2025년 1월 현재 여전히 진행 중이다.

자연의 '섭리'를 잘못 이해한 채로 인간 사회에 그대로 적용해 인간의 행동을 정당화하는 것은 위험하지만 널리 악용되는 담론이다. 가장 대표적인 사례는 자연을 '야만적인 정글'로 단순화하고, 그 역동성을 '강자 대 약자'의 이분법으로 환원해 가장 힘이 세고 적합한 자만이 살아남는다는 적자생존 논리라고 할 수 있다. 신다윈주의에 기반하는 이런 견해의 지지자들은 약탈적인 승자 독식 논리를 중심으로 구축된 특정 문화를 정당화하고 찬양하며, 그런 정책을 정당화하는 정치적 선전에 이를 활용한다. 기회가 주어질 때마다 어김없이 등장하는 이런 사고방식은, 최근에는 코로나19 팬데믹 시기에 가장 약한 이들의 희생을 당당히 요구하는 혐오 섞인 목소리들로 표출된 바 있다.

    출판 시장을 독점하기 위해 아마존이 고안한 전략 중 하나인 '가젤 프로젝트' 역시 이른바 '정글의 법칙'을 충실히 따른다. 전 아마존 임원은 "치타는 약하고, 병들고, 작은 가젤을 찾는다"는 베이조스의 말을 인용하며 "베이조스는 직원들이 병든 가젤을 쫓듯 출판사를 압박하길 원했다"고 말했다. 이에 따라 아마존은 표적이 된 출판사의 도서만 특정해 할인 없이 정가로 팔거나, 추천 검색 엔진에서 제외하거나, 경쟁사의 도서를 집중 홍보하는 등 온갖 치졸한 술수를 동원해 자신에게 유리한 협상 조건을 얻어낼 때까지 출판사에 압력을 가했다. 안타깝게도 이런 공격적이고 불공정한 정책(혹은 괴롭힘)은 대체로 효과를 발휘했고, 결과적으로 아마존은 많은 출판 시장에서 지배적인 위치를 차지했다. 그러니 전 세계의 다른 대형 전자 상거래 업체들이 이와 비슷한 전략을 모방하려는 것도 놀랍지는 않다.

그러나 대중에게 널리 퍼진 적자생존 모델은 실제 과학을 (그리고 다윈의 생각조차도) 왜곡했다는 이유로 널리 비판받았다. 자연선택은 종종 적자생존과 동의어로 이해되지만, 현실에는 적응자와 비적응자(심지어 부적응자까지)의 공존을 보여주는 풍부한 사례들이 얼마든지 존재한다. 최근 인류학자 브라이언 헤어와 작가 버네사 우즈는 '가장 친화력이 높은 자'가 살아남는다는 개념을 제안하기도 했다.[59] 멀리 갈 필요도 없다. 이 책의 주제인 아마존 숲의 가장 큰 특징인 생물다양성이야말로, 자연이 독점이나 적자가 지배하는 세계가 아님을 보여주는 가장 확실한 증거가 아닌가. 생물다양성은 본질적으로 반위계적이고 반지배적인 리좀(rhizome) 모델을 따른다. 예를 들어 먹이사슬의 정점에 사자 같은 '동물 왕국'의 '왕'이 존재한다는 개념은 지엽적인 인간 사회의 위계를 자연환경에 투사하는 전형적인 사례다. 아마존 원주민들도 카리스마를 지닌 주요 포식자(재규어나 하피독수리 등)를 강력하고 두려운 존재로 인식하지만 인간과 동물, 혹은 동물들 사이의 위계를 두지는 않는다. 모든 생명이 더 포괄적인 생태적 차원을 구성하는 중요한 요소일 뿐이다.[60] 아마존닷컴 설립자 같은 이들의 머릿속에 있는 '정글의 법칙'

---

59 — "Why Our Understanding of 'Survival of the Fittest' Is Wrong," BBC Video 참조. https://www.bbc.com/reel/video/p08rvzn8/why-our-understanding-of-survival-of-the-fittest-is-wrong.
60 — 원주민이 재규어를 '정글의 왕'으로 여기지 않음을 명백히 보여주는 인상적인 원주민 이야기가 있다. 주인공인 재규어는 숲의 다른 동물에게 싸움을 건다. 그는 가장 먼저 (강력한 라이벌로 묘사되는) 큰개미핥기와 스파링을 벌여

은, 정작 진짜 정글에서는 작동하지 않는다.

이름이 같은, 그러나 정반대인 두 아마존 간의 차이점을 모두 나열하다 보면 이번 장은 끝나지 않을 것이다. 아마존닷컴 그리고 그와 유사한 플랫폼들이 우리에게 판매하는 (제품뿐 아니라 철학을 포함한) 삶의 방식을 추구하면 할수록, 우리가 실제 아마존(숲)이 선물하는 삶을 누릴 기회는 점점 줄어들 것이다. 브뤼노 라투르가 적절히 묘사했듯, 이것이 근대화와 생태화가 만나는 교차로에서—혹은 이윤을 지탱하는 시스템과 생명을 지탱하는 가이아 사이에서—우리가 직면한 선택이다.[61] 나는 아마존의 숲과 강에 살아가는 온 생명을 지키기 위한 모든 행동을 나타내는 신조어로 동사 '아마존하다'(to Amazon, amazoning)를 제안하고 싶은데, 이 단어가 떠오른 순간 가장 적절한 반대말도 함께 떠오른다. 바로 '아마존닷컴하다'이다. 아마존 할 것인가, 아마존닷컴 할 것인가. 이것이야말로 우리 세기가 당면한 문제다.

힘이 아닌 교활한 속임수로 간신히 승리를 거둔다. 그다음 재규어는 폭풍우에 도전하지만 나가떨어져서 간신히 목숨을 부지한다. 이야기는 올빼미의 보살핌으로 재규어가 건강을 회복하는 것으로 끝난다. 올빼미의 날카로운 부리는 바로 이때 재규어에게 보답으로 받은 발톱이다.
61 — Bruno Latour, "To Modernize or to Ecologize? That's the Question," in *Remaking Reality: Nature at the Millenium*, eds. Bruce Braun and Noel Castree (Routledge, 1998), 221-242.

11 장
길, 있음 혹은 없음

대책 없이 큰 질문을 몇 개 던져보자, 기후 변화로 인해 인류가 직면한 위기에 관해서.

우리는 길을 잃었나? 아니면 잃은 것처럼 보일 뿐 이대로 가면 결국 길이 보일까? 만약 전자가 맞다면, 어렵고 낯설더라도 헤쳐 나갈 새로운 길을 모색해야 한다는 데는 모두 동의하나?

만약 누군가 길을 잃었는데, 적극적으로 길을 찾고 있지 않다고 상상해 보자. 그렇다면 다음 중 하나의 상황에 해당할 것이다. 당사자는,

1. 길을 정말로 잃은 건 아니며, 여전히 모든 게 통제하에 있다고 생각한다.
2. 길을 잃었다는 사실은 깨달았지만, 다른 길이 있다는 걸 모른다.(다른 선택지에 마음이 굳게 닫혀 있다.)
3. 체념한 상태로 운명이 덮쳐 오기만을 기다리는 중이다.
4. 사실 (자신만의 방식으로) 다른 길을 찾고 있는데, 남들이 알아보지 못할 뿐이다.

이제 이 비유를 기후-현실에 적용해 보자. 1번은 현재 상황이 충분히 관리 가능한데, 일부 사람들이 괜한 공포심을 조장한다고 생각하는 '기후 위기 부정론자'들의 태도다. 2번은 변화가 필요하다는 점은 깨닫고 있지만 대안이 현실적인 대안으로 보이지 않아 우물쭈물하는 사람들의 상황을 대변한다. 3번은 이미 '게임 끝'이라고 결론지은

이들의 입장에 해당한다. 4번은 흥미로운 경우다. 얼핏 수동적으로 보이지만 실은 상황에 다르게 접근하는 중인데, 과연 종국에 (더 나은?) 길을 찾을지는 아무도 모른다. 우리는 이 중 어디에 속할까?

　이번 장에서는 두 가지 이야기를 들려주려고 한다. 첫 번째는 잃어버린 길을 찾는 이야기이고, 두 번째는 뻔히 보이는 길을 못 보는 어떤 무능력(혹은 '안 보는 능력')에 관한 이야기이다. 양쪽 모두 '길'과 관련 있다는 점만 빼면 공통점이 없어 보일지 모르지만, 아무쪼록 이 두 이야기가 연결되는 길을 찾을 수 있기를 바란다.

― 길 찾기

아마존 숲은 아득히 광활해서 인간을 초라하게 만드는 곳이다. 초라한 정도가 아니라, 나 같은 건 아무것도 아닌 하찮은 존재라는 느낌이 강하게 든다. 너무 하찮아서 여기서 내가 당장 죽더라도 아무도 신경 쓰지 않을 게 너무도 분명하게 다가오는 감각이랄까? 피터르 브뤼헐이 그린 「이카루스가 추락하는 풍경」이나 앙리 루소의 정글 그림 연작이 절묘하게 담아낸 것처럼, 보다 큰 맥락에서 바라보면 한 개인이 겪는 비극이란 너무도 사소해 보인다. 내가 도도한 아마존의 급류에 빠진다고 생각해 보자. 온갖 이야기를 품은 제법 긴 인생이, 단 1초의 '첨벙'으로 끝난다. 그리고 세계는 아무 일 없었다는 듯 돌아간다. 인간의 언어로 긴급 구조 신호를 제아무리 절박하게 보내도 숲의 수많은 존재늘은 셩션히 자기 일에민 몰두할 뿐이다. 끝없는 열대우림 한가운데서 길을 잃어보면, 인간의 절박함이 자연의 광활함 앞에 맥없이 주저앉는 느낌을 조금은 이해할 수 있을 것이다.

　마지막으로 당신이 길을 잃은 적이 언제인가? 낯선 거리나 지하 주차장에서 잠시 방향이 헷갈린 적은 있을지 몰라도, 장시간 동안 물리적으로 길을 잃어버리는 도시인은 이제 별로 없다. 현대인이라면 더 이상 겪을 일이 없는 경험 중 하나가 길을 잃는 것이다. 편재하는 월드와이드웹과 스마트폰 덕분에 사람들은 길 찾기보다 잃기가 더 힘들어졌다. 물론 표지판이 제대로 붙어 있지 않은 거리나 지번으로 찾기 힘든 골목에서는 여전히 크고 작은 어려움을 겪을 수 있지만 아무도 없는 적막한 공간에서 방향감각을 완전히 상실하는 경험은 귀해졌다. 동시에 낯선 사람에게 길이나 방향을 물어보는 일도 점점 드물어지고 있다. 이런 경험은 '지도 바깥으로' 나갈 때나, 그것도 드물게 발생한다.

나는 지금까지 정글에서 '제대로' 길을 잃어본 적은 없다. 방향감각이 뛰어나서가 아니라 겁이 많은 덕분이다. 발터 베냐민은 "숲에서 길을 잃는 것처럼 도시에서 길을 잃어버리려면 조금은 훈련이 필요하다"고 말했지만 아마존 같은 거대한 숲에서 미아가 되려고 훈련까지 따로 할 필요는 없다. 익숙한 경계를 벗어나도 괜찮다는 자신감, 혹은 오만에 가까운 마음가짐이면 족하다. 나는 절대 숲에서 혼자 돌아다니지 않는다. 숲속에서 나의 방향·공간 감각이 얼마나 둔한지 잘 알기에 늘 원주민 뒤를 바짝 붙어 다닌다. 그들은 처음에는 따라오는 사람을 배려해서 속도를 늦추기도 하지만, 조금 가다 보면 이내 인내심을 잃고 자신의 페이스로 돌아가기 때문에 따라가기가 무척 어렵다. 어떤 때는 나를 떨어뜨리려고 작정한 건 아닌지 의심이 들 정도로 빨리 걷는 바람에 뒤쫓아 가느라 갖은 애를 먹기도 했다.

카리푸나족 친구는 나만 겪는 일이 아니라며, 사람들이 때로는 의도적으로 그러기도 한다고 말해줬다. 가령 아버지가 어린 아들과 함께 사냥에 나설 때가 여기에 해당한다. 산행을 아이가 정글 트래킹에 입문하는 기회, 즉 일종의 교육 시간으로 삼는 것이다. 아이가 얼른 쫓아오지 못하거나 방향을 잃더라도 혼자 길을 찾아내도록 내버려 둔다. 그렇다고 고의로 길을 잃게 유도하지는 않지만, 헤매지 않게 사전에 방지하기보다는 스스로 배우도록 '넛지'하는 편이다. 이 말을 듣고 더욱 경각심이 생긴 나는 낡아빠진 샌들을 신고도 울창한 나무 사이를 날아다니는 원주민들과 보조를 맞추려고 한층 필사적으로 노력했다. 그러나 아무리 기를 써도 길을 잃을 뻔한 적이 많아서, 그 끔찍하고 황망한 기분을 조금은 맛볼 수 있었다.

한번은 다른 이들과 함께 '단체로' 잠시 길을 잃은 적이 있다. 일행은 나를 포함해 단 세 명이었는데, 카리푸나족 숲속에서 역사적으로 뜻깊지만 좀처럼 가지 않는 계곡을 찾아갔을 때였다. 약 다섯 시간가량 땀을 뻘뻘 흘리며 힘들게 가파른 숲을 통과해 목적지에 도착했을 때만 해도 모든 것이 순조로웠다. 하지만 돌아오는 길에 한 원주민이 더 빠른 코스를 탐색하겠다고 나서는 바람에 우리는 길을 잃고 말았다. 마치 미로에 갇힌 것처럼 연거푸 같은 장소를 맴돌고 있었다. 나와 동행한 두 원주민은 점점 기운이 꺾이더니, 얼마 후에는 어떤 길이 맞는지를 두고 언쟁을 벌이기 시작했다. 마주치는 거의 모든 갈림길에서 의견이 갈리는 듯했다. 하지만 서로 그렇게 목소리를 높였음에도 불구하고 한 가지에 있어서는 둘의 의견이 완벽히 일치했다. 두 사람 모두 지름길을 찾으려고 이러고 있을 뿐, 결코 길을 잃은 적이 없다는 것. 단 한순간도! 미심쩍긴 했지만 결국 해가 완전히 지기 전에 마을로 돌아와 최악의 상황은 면했으니, 그 말을 믿어주기로 했다.

카리푸나족 원주민들도 길을 잃을까? 그들이 들려준 일화들을 보면 가끔은 그런 것 같다. 몇 년 전, 젊은 추장이 며칠간 사라진 적이 있다. 그는 마을에서 멀지 않은 곳에서 다른 두 사람과 숲을 순찰하는 중이었다. 한 사람이 소변이 마려워 잠시 오줌을 누고 온 사이에, 추장이 사라져버렸다. 아무리 불러도 대답이 없었다. 마을 사람, 특히 추장의 어머니는 아들이 점점 빈번해지는 불법 침입자들과 마주쳤을까 봐 두려워했다. 추장의 사진이 지역신문에 여러 차례 실렸기 때문에 무법천지인 숲 한가운데서 그를 만나고 싶어하는 '적'이 있다면 그의 얼굴을 알아볼 법도 했다. 토지 분쟁에서 원주민 측을 대변하는 추장들이 매복 살해당하는 일이 그 지역에서 종종 일어나던 시기라 어머니의 근심은 더욱 깊었다. 다행히 사흘 뒤 추장은 무사히 돌아왔다. 평소부터 워낙 말수가 적은 사람이라 자신이 겪은 일에 관해 자세히 설명하지는 않았지만, 그는 자신이 배운 교훈을 간단하게 설명했다. "길을 잃으면, 그저 최대한 침착해라. 당황하면 환각을 본다. 평정심을 유지하고, 새와 해, 물소리 같은 신호들에 귀를 기울여라. 그러면 개울이나 강을 찾게 되고, 결국에는 길을 찾을 수 있다."

한번은 마을 사람 네 명이 한꺼번에 행방불명된 적도 있다. 이들 중에는 숲을 구석구석 잘 아는 노인과 경험 풍부한 사냥꾼들이 섞여 있어서 특히 걱정스러웠다. 즉, 길을 잃을 리 없는 사람들이 돌아오지 않으니 심상치 않았던 것이다. 다들 나쁜 일이 일어났다고 짐작했고, 이번에도 그 지역을 돌아다니는 침입자들과 마주쳤을까 봐 걱정했다. 사흘이 지나도 아무런 소식이 없자 마을 사람들은 당국에 도움을 요청했다. 군 수색대가 파견되어 헬기까지 동원해 숲을 수색했지만 아무런 단서도 발견되지 않았다. 그리고 열흘째 되는 날, 기적적으로 그중 세 명이 마을로 돌아왔다. 도착하자마자 그들은 마을 사람들과 함께 배를 타고 (아파서 움직일 수 없어) 남겨진 사람이 기다리던 곳으로 향했고, 모두 무사히 돌아올 수 있었다.

그보다 오래된, 가장 이해하기 어려운 실종 사건은 페커리 사냥 중에 일어났다. 실종된 카리푸나족 사냥꾼은 다른 마을 사람들과 동행하고 있었는데, 근처에서 페커리 떼를 발견한 후 접근을 개시하자마자 눈 깜짝할 사이에, 허공으로 증발하듯 사라졌다고 한다. 이틀 후 그는 온몸이 가시에 긁혀 피투성이가 된 채로 마을로 돌아왔다. 이후로 그는 다시는 사냥에 나서지 않았고, 지금은 다른 원주민 마을로 이주해 살고 있다. 카리푸나족에 따르면 페커리는 사냥꾼을 홀릴 수 있다. 페커리를 (특히 무례한) 사냥꾼으로부터 보호하는 숲의 정령 쿠루피라, 혹은 카리푸나족의 말로는 타비자라(페커리의 우두머리)에게 미혹되면 그런 식으로 길을 잃곤 한다. 믿거나 말거나 숲에서 동물을 쫓을 때(혹은 공격성을 띤 페커리에게 쫓길 때) 순식간에 방향감각을 잃기란 매우 쉬운 일이다.

길을 잃는 것은 결코 재미있는 일은 아니지만, 실종된 사람들이 무탈하게 돌아와 들려주는 일화들은 언제나 흥미롭다. 가령 길을 잃은 채 며칠 동안 숲을 헤매다 보면 체취가 주변 자연과 하나가 된다는 말은 여러 원주민에게 공통적으로 들었다. 다시 말해 그런 극한 상황에 처하면, 몸에서 숲 냄새가 나기 시작한다는 것이다. 따삐르 혹은 페커리의 체취와 비슷하단다. 그러면 인간과 숲 사이의 구분은 사라지고 기묘한 광경이 펼쳐진다. 평소라면 인간에게 절대 다가오지 않을 따삐르나 페커리나 파카 같은 동물들이 마치 나무 같은 자연물에 다가오듯 태연하게 사람 바로 옆을 스쳐 지나간다. 가장 이상한 점은, 그런 상황에 놓이면 손에 사냥 도구를 쥐고 있어도 별로 잡을 마음이 생기지 않는다는 것이다. 냄새뿐 아니라 마음까지 숲의 일부가 되는 것일까?

이쯤에서 이런 의문이 들 수 있다. 원주민이 숲속에서 길을 잃는 이유는 뭘까? 조상 대대로 내려온 땅이라면 구석구석 훤히 파악하고 있을 것만 같은데 말이다. 여기에는 몇 가지 이유가 있다. 사냥을 하다가 길을 잃는 경우를 제외하면, 주요 원인은 외부인의 침입 탓이다. 첫째, 침입자들의 존재 자체가 원인을 제공한다. 언제 어디서 그들과 마주칠지 모르기 때문에 카리푸나족은 여간해서는 보호구역의 외곽으로 '모험'을 떠나지 않는다. 비교적 안전한 마을 인근에서 멀리 벗어나지 않는 습관이 든 젊은 세대일수록 멀리 떨어진 지역의 지리에 익숙하지 않다. 침범이 빈번해지기 전 시절을 기억하는 나이 든 세대들은 매우 멀리까지 사냥을 나갔다고 하니, 카리푸나족에게 '효율적인' 사냥(최소의 노력과 시간 투자로 최대의 효과를 내는)은 핵심 요건이 아니었고, 때로는 탐색 자체를 즐기기도 한 모양이다. 지금은 마을에서 멀리 떨어진 곳에서 사냥을 하는 원주민은 거의 없고, 대부분 반나절 안에 돌아오는 코스를 선호한다.

상황이 이렇다 보니 카리푸나족이 마을에서 멀리 떨어진 장소로 순찰을 나가는 경우는 대개 외부의 요인에서 비롯한다. 구글 어스와 지도 정보에 익숙한 카리푸나족 청년이 특정 지역에서 삼림 파괴의 단서를 발견하거나 뭔가 의심스러운 정황을 직감적으로 느끼면, 외진 곳이더라도 직접 가서 확인을 한다. 다만, 이런 탐사는 간헐적으로, 갑자기 발생하기 마련이어서 꼼꼼히 계획을 세우기 어렵고, 즉흥적으로 떠나는 경향이 있기 때문에 비상 상황에 충분히 대처하기 힘들 수 있다. 하지만 숲에서는 모든 일이 으레 이런 식으로 돌아가는 것도 사실이다. 외지인과 원주민이 장시간의 정글 여행을 준비하는 모습을 옆에서 가만히 지켜보면 우스꽝스러울 정도로 대조적이다. 외지인이 방충제부터 최첨단 방수용품까지 엄청난 장비로 온몸을 무장한 채 주체하기 힘들 만큼 부피가 큰 배낭을 메고 땀을 뻘뻘 흘리고 있으면, 원주민은 호주머니에 달랑 일회용 라이터 하나를 챙기는 식이다. 어쩌면 자신감이 과도해서, 이렇게 준비를 허술하게 하다 보면 익숙하지 않은 곳을 탐사하다가 정글에서 방향감각을 잃을 수도 있다.

다른 요인도 작용한다. 숲의 거주민으로서 카리푸나족은 숲속에서 길을 찾는 데 능숙하다. 그들은 나침반이나 지도, GPS 정보에 의존하지 않고도 울창한 숲에 숨겨진 미묘한 신호를 쉽고 정확하게 가려낸다. 여기에는 도로나 강, 개울, 바위, 나무, 진흙탕처럼 눈에 띄는 지형지물은 물론 무언가 지나간 흔적을 보여주는 부러진 나뭇가지나 짓밟힌 잎 같은 미세한 신호도 포함된다. 흔히 나뭇가지를 비틀거나 꺾어서 일부러 길잡이로 삼기도 한다. 그런데 바로 이 때문에, 즉 기억과 체내 나침반에 각인된 무수한 인간 및 비인간 신호에 민감하게 반응하는 능력 때문에, 외부 신호가 느닷없이 끼어들 시 그들이 인식하는 좌표가 헝클어질 수 있다. 침입자들이 만든 '샛길'(picada)도 이러한 간섭을 일으키는 요소 중 하나다. 원주민들이 잘 알고 있는 길들 사이에 끼어들어 감각을 교란하는 이런 방해물은 종종 원주민들을 잘못된 길로 유도한다. 이렇게 한번 샛길로 접어들면 갔던 길을 계속 맴도는 악순환에 빠지기 쉽다.

    몇몇 카리푸나족 사람들은 내게 '실종' 사건에 대해 자세히 들려주긴 했지만, 이를 그다지 자랑스런 경험으로 여기지는 않는 것 같다. 앞서 언급했듯 그들은 이를 침입자들 탓으로 돌리며 과거에는 길을 잃는 법이 없었다고 말하지만, 이 말은 곧이곧대로 믿기 어렵다. 원주민들 사이에는 길 잃기와 관련된 오래된 금기와 믿음이 있기 때문이다. 예를 들어 '거북이 계단'이라고 불리는 구불구불하게 생긴 덩굴식물은 그 아래로 지나가면 방향감각을 잃기 때문에 우회해야 한다. 원주민들은 새소리를 흉내 내는 버릇이 있는데 '우루아냥가'라는 새의 울음을 따라 하면 길을 잃을 수 있어서 주의해야 한다. 또, 사악한 숲의 정령 아냥가는 방향감각을 잃게 할 뿐만 아니라 아이들을 납치하기 때문에 어떻게든 피해야 하는 존재다. 이 이야기들은 어쩌면 미숙한 사냥꾼이나 채집꾼이 길을 잃는 것을 사전에 방지하기 위한 안전장치로 마련되었을 수도 있다. 하지만 애초에 아무도 길을 잃지 않았다면 필요하지도 않았을 것이다.

    어떤 면에서 보면, 카리푸나족 가운데 누구도 정말로 길을 잃은 사람이 없다는 주장은 사실이기도 하다. 행방불명된 사람을 찾기 위해 도움을 요청한 경우는 있어도 '길 잃은' 카리푸나족이 다른 누군가에 의해 실제로 구조된 적은 없기 때문이다. 결국은 모두들 스스로의 힘으로 돌아왔다. 설령 매우 오랜 시간 방황하고 헤매기는 했어도, 어떤 상황에서든 돌아올 길을 찾아낸 것이다. 그들은 천생 길 찾기의 달인이 맞다.

―   길 언-찾기

어느 날 카리푸나족 마을과 가까운 곳에서 한 원주민 친구와 숲을 걷다가 버려진 텃밭 같은 곳을 지나고 있었다. 예전에는 마니옥

(manioc)[62]을 키웠지만 지금은 사용되지 않는 곳이었다. "이곳이 A 씨가 페커리들을 죽인 곳이야." 친구의 말은 한때 마을에서 화제가 됐던 사건을 상기시켰다. 마을 사람 한 명이 자신의 밭에서 작물을 먹어 치운 페커리들 여럿을 '몰살'시킨 사건이었다. 그는 다른 페커리들에게 경고하기 위해 자신이 죽인 사체를 보란 듯이 그대로 방치했다. 실제로 밭 귀퉁이에는 여전히 페커리 두개골 하나가, 마치 경고 메시지처럼 놓여 있었다.

이러한 공격적인 방식은 당장 페커리들을 쫓아내는 효과가 있을지 몰라도 상당한 부작용이 따랐다. 텃밭 근처에 천연 바헤이루(barreiro)[63]가 있어 마을 사람들 전체가 사냥터로 아꼈는데, 몰살 사건 이후 이곳에 동물들의 발길이 뚝 끊긴 것이다. 마을 사람들은 공동의 생계 수단을 망쳐버린 그의 이기적인 행동을 비난했다.(원주민들은 직접적인 대립을 피하는 경향이 있어서 아마 공개적으로 비난하지는 않고 '뒤에서' 욕했을 것이다.) 그렇다면 그는 어떤 방법을 취해야 했을까? 대화를 나누던 원주민 친구에 묻자 그는 이렇게 답했다. "동물은 원래 텃밭을 먹어 치운다고. [피할] 길이 없어." 하지만 이 사태를 촉발한 A씨라면 다르게 답했을 것이다. "길이 없긴 왜 없어?"

그 사건이 있은 후, 그는 마을 사람들의 비난에 굴하는 대신 더욱 강하게 자신의 방식을 밀어붙였다. 자신의 아들을 시켜 그가 가꾸던 다른 마니옥 밭에 동물이 들어오면 자동으로 총이 발사되는 장치를 고안해 설치한 것이다. 행여 실수로 사람이 밭에 들어갈 수도 있는 곳에서 이런 함정은 대단히 위험해 보였지만 그는 '해충'을 박멸하겠다고, 혹은 확실히 겁을 줘야겠다고 단단히 마음을 먹은 듯했다. 그러고 보니 언젠가 얼룩살쾡이가 A씨가 기르던 닭 한 마리를 물

---

62 — 고구마처럼 생긴 뿌리 식물.
63 — 풍부한 미네랄이 섞여 있어 각종 동물을 끌어들이는 진흙탕.

어 갔을 때 그의 반응이 떠올랐다. 그는 며칠간 살쾡이가 다가오길 숨어 기다리며 밤샘 '잠복근무'를 한 끝에, 결국 살쾡이를 한 마리 잡아 죽였다. 기어코 복수의 피를 본 것이다.

그의 행동은 자신의 가축을 건드리는 야생동물을 대하는 여느 시골 농부의 반응과 그리 다르지 않다. 그러나 원주민들은 이런 종류의 '앙갚음'을 하지 않는다. 적어도 카리푸나족에서는 목격하거나 들어본 적이 없다.(섣불리 일반화하면 안 되겠지만 간과할 수는 없는 사항: 물의를 일으킨 A씨는 비원주민 브라질인이다.) 그의 행동은 자신이 경작한 밭의 작물(인공물)과 통제할 수 없는 동물(야생)을 철저히 구분하고 통제하려는 의지를 보여준다. 반면 카리푸나족은 이런 분리가 가능하다고 생각하지 않는다. 원주민들이 분리하는 방법 자체에 '무지해서' 그런 것은 아니다. 원주민들이 흔히 내뱉는 '길(방법)이 없다'거나 '그런다고 문제가 해결되지 않는다'는 말은, 설령 그런 방법이 존재한다고 해도 유효한 선택지로 여기지는 않음을 뜻한다. 적어도 그들에게는 실행 가능한, 혹은 지속 가능한 방법이 아니다. 필경사 바틀비를 한 번 더 소환해 오자면, 그들은 그런 노선을 추구하지 '않는 편을 선호한다.'

두 번째로 들려줄 일화는 볼 때마다 내게 늘 자신의 야심 찬 '사업 계획'을 마구 던지는 한 카리푸나족 남자의 이야기다. 그가 가장 꾸준히 '미는' 사업 아이템은 양식과 목장(소나 돼지나 작은 동물을 기르는)에 관한 것인데, 사신의 어마어마한 아이디어를 실현해 줄 종잣돈이 내게 있는 줄 아는 모양이다. 미네랄워터 판매도 그가 자부하는 아이디어 중 하나다. 이 아이템의 경우 이미 '카리-아구아'라는 (카리푸나에서 따온 것이 명백한) 상호명까지 준비해 둔 상태다. 강변의 모래를 채취해 판다는 좀 더 '현실적'인 프로젝트도 있다. 그의 말에 따르면 도시의 모든 건설 현장에는 모래가 필요한데, 카리푸나족 땅의 강둑에 지천으로 널린 게 모래라는 것. 모래 채취기는 그가 한동안 살았던 인근 소도시 칸데이아스에서 쉽게 대여할 수 있으므로, 유일한 관건은 기계를 빌릴 돈을 투자받는 것이다.

온갖 '채굴' 사업에 대한 그의 구상들은 원주민이 자연을 자원으로 보지 않을 거라 믿었던 내 환상을 보기 좋게 허물었다. 물론 나는 그의 의도를 비판할 생각은 없었다. 그저, "그런 종류의 사업이 실제로 가능한가요? 원주민이라도 불법 아닐까요?"라고 묻기만 했다. 그는 "허가가 필요하겠지만 얼마든지 받을 수 있을 거예요. 문제는 돈이죠. 자본은 대체 어디 있을까요?"라며 손으로 동그라미를 그려 보였다. "돈을 만들 길이 없어요. 방법이 없다고요." 이 말을 듣자 나는 마음이 놓였다. 그의 사업 계획이 실현될 일은 없을 거라는 직감이 들었기 때문이다. 이후로도 그는 만날 때마다 여러 차례 자신의 사업 '포트폴리오'를 선보였지만 다행히 투자를 요청한 적은 없다.

예전에 원주민들이 잠시지만 적지 않은 '자본'을 손에 쥐었을 때도 이런 투자를 진지하게 검토한 사람은 없었던 듯하다. 2014년 마을을 집어삼킨 홍수에 책임을 지고 수력발전회사 산투 안토니우가 원주민들에게 지급한 보상금은 상당한 목돈이었다. 그런데 이 돈은 설명하기 힘들 정도로 빠르게 '증발'해 버렸다. 옆에서 전 과정을 지켜봤다는 한 (원주민이 아닌) 마을 사람은 고개를 절레절레 저으며 이렇게 말했다. "원주민들은 돈 관리에 굉장히 서툴러요." 이 말이 얼마나 사실과 부합하는지는 모르겠다. 아마존 숲을 지켜온 것을 보면 그들이 자연물을 상업화하는 데 능하지 않다는 점은 분명하지만, 돈을 잘 관리해 부자가 된 원주민의 사례도 없지 않기 때문이다. 나는 호기심에 위에서 언급한 사업 아이디어맨에게 단도직입적으로 물었다.(그는 한때 브라질 정부에서 고용하는 원주민 인력 중 한 명으로 월급을 받고 일하기도 했다.) "당신이 받은 월급의 일부를 저축해서 사업 아이디어를 직접 실현해 볼 생각은 없었나요?" 그가 답했다. "안 되죠. 방법이 없어요. 월말이 되면 항상 돈이 부족한걸요." 이번에도, 길은 없었다.

세 번째 일화는 낚시에 관한 이야기다. 어느 날 아침, 나는 자시파라나강에 출조하러 가는 한 부자를 따라나섰다. 우리 셋은 배를 타고 2시간 정도 강 여기저기를 훑어봤지만 거의 성과가 없었고, 햇빛만 점점 뜨거워지기 시작했다. 지루해진 아이가 배가 고픈지 아빠에게 과자를 먹어도 되는지 묻자 꾸지람이 돌아왔다. "남자는 자고로 사냥할 때 먹거나 마시지 않는 법이야!" 하지만 아이는 굴하지 않고 결국 통에 담긴 과자 하나를 입에 가져갔다. 아빠의 잔소리에 이골이 나 보였다. 오전 내내 허탕만 친 우리는 배를 몰아 더 남쪽으로 나아가기 시작했다.

카리푸나족 아빠는 한때는 훨씬 쉬웠던 어획이 어려워진 원인을 백인 어부들의 불법 어획 탓으로 돌렸다. 백인들은 원주민 보호구역에 속한 자시파라나강에서의 어획이 금지되는데도 불구하고, 거리낌 없이 강에 진입할 뿐만 아니라, 심할 경우 엄격히 금지된 어획용 폭발물까지 동원한다고 한다. 그런데 이런 이야기를 나눈 지 10분도 안 돼서 불법으로 추정되는 낚시꾼 세 명이 탄 배가 우리 쪽으로 다가오는 게 아닌가. 모자와 선글라스를 쓰고 있어서 정체는 알 수 없었지만, 확실히 원주민들은 아니었다. 강 건너에 사는, 안면이 있는 이웃들도 아니었다. 대화가 가능할 정도로 가까워지자 그중 한 명이 아무 일도 없다는 듯 인사를 건네며 오늘 운수는 어떤지 물었다.(나를 보고 우리 일행이 원주민이 아니라고 생각했을 수도 있다.) 카리푸나족 아빠는 친절한 어조로 "그냥 피라냐뿐이에요"라고 답했다. 배가 멀어진 후에 내가 물었디. "그런데 저들이 바로 불법 침입자들 아녜요? 말하자면… 당신의 '적'이잖아요?" 그가 답했다. "맞아요, 그렇지만 내가 뭘 할 수 있겠어요. 난 경찰도 아닌데. 할 수 있는 게 아무것도 없어요." 말은 이렇게 하고도 그는 그날 내내, 불법 낚시꾼들에 대한 불만을 토로하며 아이들의 미래를 걱정했다. 말을 마칠 때마다 마치 후렴구처럼 "내가 할 수 있는 게 있냐고. 길이 없어!"라고 반복하면서 말이다.

이처럼 다양하게 쓰이는 '길이 없다'는 말을 어떻게 해석하면

좋을까? 내가 보기에는 분명 방법이 있는데도 왜 그들은 없다고 말할까? 일종의 체념이나 운명론적 태도인가? 물론 여기서 말하는 '길'은 방법을 뜻하지만 실제 길과 비교하지 않을 수가 없다. 왜 그들은 숲에서 길을 찾을 때 보이는 열린 태도를 다른 상황에는 적용하지 않을까? 숲에서 길을 찾을 때는 모든 가능성을 활짝 열어두고 다양한 선택지들을 하나씩 고려하며 최적의 길을 탁월하고 수월하게 가려내는 그들이, 위 일화들에서 언급한 종류의 상황(물론 이것 말고도 유사한 사례는 많다)에서는 왜 상당히 제한적인 선택지 안에서 소극적으로 사고하는 것처럼 보일까. 질문을 바꿔 보자면, 왜 이들은 어떤 선택지는 받아들이고 어떤 선택지는 아예 선택지로 취급도 안 하는 걸까?

이 문제를 원주민에 대한 일반적인 선입견에 적용해 보면 부정적으로 표현되기 쉽다. 가령 앞서 언급한 세 일화를 지극히 전형적으로 기술해 보자면, 원주민은 (1) 자연과 자신을 따로 떼어 생각하지 못하고 (2) 자원과 돈을 활용/운용할 줄 모르며 (3) 적에게 적절히 대응하는 법도 알지 못한다. 즉, 모두 어떤 종류의 '무능'으로 해석된다.

이걸 반대로 바라볼 수는 없을까? 자연과 인간을 분리 불가능한 관계로 보는 원주민들의 세계관적 무능이야말로, 숲을 지키며 숲과의 공존을 가능케 해주는 가공할 능력이라면? 마찬가지로 상업화에 능숙하지 못해 보이는 그들의 '무능'이 곧, 사물을 탈자본화, 탈화폐화할 수 있는 능력이라면? 원수를 보고도 맞서지 않는 그들의 '무능' 또한, 미워하기 쉬운 적대 관계의 사람이라도 이웃으로 인정하는 포용력이라면? '나와 다르다'고 인식되면 곧장 편을 가르며 쉽게 혐오로 이어지는 우리 사회에서도, 이런 식으로 사고를 전환해 볼 수 없을까? 또, 사람마다 '길 있음/없음'이 전혀 다를 수 있음을 헤아릴 순 없을까? 그럴 수만 있다면, 길로 보이지 않던 것들이 길로 보이고, 반대로 길인 줄 알았던 것이 막다른 골목으로 보일지 모른다. 물론, 이 모든 건 평정심을 유지하고, 주변의 신호들에 귀 기울여야 보이기 시작할 것이다. 길을 잃었던 카리푸나족 젊은 추장의 조언처럼 말이다.

12 장
리서치는 그만

부끄러운 이야기를 하나 털어놓자. 내가 원주민에게 들은 최악의 말 가운데 하나를 소개하겠다. "넌 마치 백인 선교사 같아. 그들은 항상 인디언에게서 뭔가 빼앗아 가지." 친구라고 생각했던 사람의 입에서 나온 말이어서 충격은 더 컸다. 물론 나는 당치도 않은 비유라며 그에게 강하게 항의했고, 나중에는 그 역시 "내가 잠깐 미쳤었나 봐"라며 액면 그대로의 뜻으로 한 말은 아니라고 사과해 오해를 풀었지만, 나의 어떤 행동이 그의 이런 반응을 불러왔다는 사실은 되돌릴 수 없었다. 역사적으로 수치스러운 저 범주에 내가 포함되도록 행동했다니, 쓰디쓴 교훈이 아닐 수 없었다.

'백인'(인종을 떠나 원주민이 아닌 외지인 모두를 지칭하는 넓은 범주)은 언제든, 어떤 형태로든 원주민을 착취하기 마련이라는 인식은 원주민들 머릿속에 깊게 뿌리 박혀 있다. 때로는 조금만 유사한 행동에도 조건반사처럼 자동으로 튀어나오는 반응이다. 그런데 곰곰이 생각하면 할수록, 그의 말을 완전히 부정하기도 어려웠다. 원주민 혹은 그들의 땅에 접근하는 외지인들은 하나같이 무언가를 추출하려는 목적을 가진 것이 사실이기 때문이다.

농장주, 목장주, 벌채업자는 원주민들의 숲과 땅에서 자원을 추출한다. 사업가는 이윤과 노동력을 뽑아낸다. 정치인은 원주민들의 표만 노리거나, 그들을 비하해서 표를 얻는다. 제약회사들은 숲의 생물들에게서 생화학 데이터와 특허등록용 재료를 추출하고, 고고학자들은 유적을 파헤쳐 샘플을 추출하며, 인류학자는 구술 정보를 추출한다. 인류학뿐만 아니라 모든 학문 분야가 연구 대상으로부터 데이터와 이론, 사례를 추출하며, 가능할 경우 그 추출물을 통해 학문적 업적과 커리어를 챙긴다. 시민단체들은 원주민을 통해 기금 조성의 기회를 마련하고, 선교사들은 신앙심과 신자를 뽑아낸다. 사진작가는 흥미롭거나 이국적인 이미지를 추출하고, 언론인과 작가 역시 그럴듯한 이야기를 추출한다. 한마디로, '본전'을 뽑아낼 일 없이 이 먼 곳까지 오는 사람은 없다. 모든 외지인들은 이곳에서 획득한 '원재료'를 써먹을 수 있는 형태로 전환하려고 애쓴다. 물론 그들은 한목소리로, 자신들의 '기여'가 원주민들에게도 이득이 될 거라고 주장한다. 하지만 정확히 어떤 지점에서 어떤 이익을 가져오는지 자세히 물으면, 모호하고 불확실한 대답뿐이다. 최악은, 잔뜩 이것저것 취하고 나서 돌아서면 십중팔구는 원주민에게 아무것도 돌아가지 않는다는 점이다.

이런 일방적인 추출 관계에도 '교환'이나 '거래'란 말이 성립할 수 있을지 의문이지만, 행여 가능하더라도 원주민들이 그것을 공정하게 여기는 경우는 드물다. 표면적으로는 동의할지 몰라도 늘 의심과 불만이 기저에 깔려 있다. 이런 불신은 오랜 기간에 걸쳐 체계적으로 당해온 기만의 역사가 축적된 결과다. 빚의 굴레에 빠져 허덕였든, 사기를 당해 토지에 대한 권리를 넘겨줬든, 원주민들은 저마다 백인에게 속아 넘어가거나 불공정한 대우를 받았던 쓰라린 기억을 한두 개씩 간직하고 있다.

어느 날 혼도니아주 포르투벨류에서 우마이타로 향하는 고속버스를 타고 가던 중이었다. 길가에 십수 명의 사람들이 서 있었다. 동행하던 브라질인에게 그들이 '땅 없는 원주민'이냐고 묻자 그는 맞다며, 내가 원주민들과 친한 줄도 모르고 이렇게 덧붙였다. "저 사람들은 피라항족이에요. 일을 하는 법이 없죠. 베네수엘라 사람들하고 똑같아요. 길거리에서 구걸만 일삼고, 심지어는 포르투갈어도 못해

요." 나는 그의 말에 담긴 이중의 편견에 흠칫 놀랐다. 첫째, 그는 베네수엘라인을 게으르고 무능한 이민자로 묘사하는 브라질 사회에 만연한 담론을 앵무새처럼 되풀이하고 있었다.(베네수엘라인들은 종종 브라질 사회에 '완벽히 통합된, 근면 성실한 일꾼'으로 여겨지는 아이티인들과 비교당한다.) 둘째, 그는 원주민에게 당연히 포르투갈어를 배울 책임이 있다고 전제하고 있었다. 애당초 이 땅에 살아온 원주민이 어째서 '굴러온' 식민 개척자의 언어를 배울 의무가 있나? 굳이 의무를 논하자면, 그들이 원주민 언어를 배우는 게 도리 아닌가.

공교롭게도 피라항족은 다름 아닌 언어로 (적어도 언어학자와 인류학자 사이에서) 알려진 부족이다. 나 역시 피라항족에 대해 잘은 모르지만, 미국의 언어학자 대니얼 에버렛과 저명한 언어학자 노엄 촘스키 사이에 벌어진 논쟁 덕분에 존재는 알고 있다. 에버렛은 1970년대 후반부터 1980년대까지 8년 이상 피라항족과 더불어 살며 그들의 언어를 익힌 극소수의 외지인 가운데 한 명이다. 그는 자신의 베스트셀러 『잠들면 안 돼, 거기 뱀이 있어』(Don't Sleep, There Are Snakes)에서 피라항족의 언어는 개별 문장을 재귀적 내포로 연결해 절을 끝없이 중첩시키는 구조가 부재한다는 놀라운 특징을 지닌다고 했는데, 이것은 모든 언어는 재귀적 문법구조를 가진다는 촘스키의 널리 수용된 이론에 정면으로 반하는 주장이었다.[64]

에버렛의 주장은 많은 논란을 불러왔지만, 그 타당성 여부를 떠나 그의 책이 잘 쓰인 대중서라는 점은 분명하다. 그러나 현실에서 내가 목도한 광경은 이 모든 것이 부질없음을 보여주고 있었다.

---

64 — Daniel Everett, "Pirahã Culture and Grammar: A Response to Some Criticisms," *Language*, vol. 85, no. 2 (2009): 405-442; Andrew Nevins, David Pesetsky and Cilene Rodrigues, "Evidence and Argumentation: A reply to Everett (2009)," *Language*, vol. 85, no. 3 (2009): 671-681.

피라항어가 아무리 흥미롭든, 학술적으로 의미가 있든, 그 주제를 다룬 책이 얼마나 잘 쓰이고 얼마나 팔렸든, 그래서 피라항족이 외부에 얼마나 알려졌든지 간에, 결국 그들은 거리의 부랑자로 전락한 채 지나가는 브라질인들의 멸시를 받으며, 저기 서성이고 있었다.

피라항족이 현재 처한 상황을 자세히 알려주는 정보는 별로 없지만, 내가 수집한 바에 따르면 여느 원주민 부족과 비슷한, 전형적인 패턴을 따르고 있는 것으로 보인다. 영토에 대한 무단 침입, 강탈, 위협, 빈곤, 환경 악화, 정부의 무대응과 방치, 법의 사각지대, (반)강제 이주 그리고 도시 유입… 간단히 말해 피라항족의 '몰락'은 브라질 대부분의 원주민이 겪은 전형적인 역사적 패턴에서 한 치도 벗어나지 않아 보인다. 부족은 잘게 쪼개졌으며, 일부는 땅을 잃고 숲에서 쫓겨나 도시의 거리로 내몰렸다. 그들은 거의 모든 측면에서 변화'당하는' 중이다. 단, 언어에 있어서는 확실히 특별한 점이 있어 그 지역의 대다수 원주민 공동체와 달리 소수를 제외하고는 여전히 포르투갈어를 사용하지 않는다.[65] 마치 배우지 않으려고 결심한 듯한, 의도적인 저항으로도 읽힌다.

전 세계에서 유일하다고 할 수 있을 정도로 독특한 언어문화적 특징을 보유한 피라항족이 처한 가혹한 현실은 새삼 충격적으로 다가왔다. 한 발 떨어져서 이 사태를 정리해 보자. 피라항족의 언어를 연구한 미국인 학자는 보상을 받았다.(그의 이론이 주류 학계에서 수용되지는 않았을지 모르지만, 그는 일반 대중에게 알려졌고, 대학의 교수직을 얻었다.) 국제 학계도 새로운 언어 지식과 생산적인 토론의 측면에서 수혜자다. 서구의 일반 대중 역시 기존 사고방식을

---

65 ― 그들의 언어는 워낙 배우기 난해해, 다른 원주민들과 비교해도 연구가 부족한 원인 중 하나로 꼽힌다. "300 anos após contato, índios pirahãs ainda resistem a aprender português," Folha de S.Paulo, https://www.youtube.com/watch?v=NGXVOm6cLQO&ab_channel=FolhadeS.Paulo.

환기하는 흥미로운 콘텐츠로 얻은 게 있다. 하지만 피라항족에게는 대체 무엇이 돌아갔나? 예전보다 좀 더 이름이 알려진 점? 그들의 마을을 찾는 다큐멘터리 제작자나 언론인 수가 살짝 증가한 점? 하지만 이런 '관심'이 실질적으로 그들에게 가져다준 게 있을까? 무엇이 됐든 피라항족이 그것을 '수혜'로 여기지는 않을 것 같다.

"당신들을 세상에 알려서 인식 제고에 기여하겠다"는 얘기는, 사실 외지인 '추출자'들이 원주민들에게 가장 흔히 제시하는 '판매 포인트' 가운데 하나다.(나도 여기서 예외라고 할 수 없다.) 하지만 이것이 원주민에게 실제로 무엇을 의미하는지는 모호하다. 그것이 표면적으로 긍정적인 효과를 불러올 때조차도 말이다. 예를 들어 야노마미족의 사례를 살펴보자. 아마존 원주민 부족 가운데 이들보다 더 많은 '명성'을 얻은 부족은 없을 것이다. 가수 스팅이나 미우통 나시멘투 같은 국제적인 셀럽들은 그들이 처한 곤경을 적극적으로 알리고 공개적으로 지지했다. 레오나르도 디카프리오 역시 수백만 명의 SNS 팔로워들에게 그들의 투쟁을 지지하는 게시물을 공유해 메시지를 확산시켰다. 야노마미족을 연구한 저명한 미국 인류학자 나폴리언 섀그넌의 (논쟁만 잔뜩 일으키고 부족에 대한 부정적 인식만 키운) 베스트셀러도 그들을 널리 알렸다. 프랑스 인류학자 브뤼스 알베르 역시 유명한 샤먼 다비 코페나와와 함께 베스트셀러를 출간했다. 이외에도 그들을 연구한 학술 논문 수백 편이 발표되어 인용되고 있으며, 프랑스의 유력한 카르티에 재단은 세계적인 사진작가 클라우디아 안두자르의 전시 『야노마미, 숲의 영혼』(Yanomami, The Spirit of The Forest, 2003)을 후원했다. 한마디로, 아마존에 조금이라도 관심 있는 사람이라면 야노마미족에 대해 들어봤을 정도로 이들은 널리 알려졌다. 하지만 그래서 야노마미족에게 바뀐 것이 있을까? 2025년 현재 그들은 여전히 비참한 삶을 이어가고 있다. 환경 파괴, 거주지 오염, 폭력과 강간 그리고 살해 위협, 빈곤과 굶주림…. 그토록 많은 관심에도 불구하고 알려지기 전이나 후나 그들을 괴롭히는 만성적인 문제들은 달라진 게 없다.

내가 너무 비판적, 비관적인 걸까? 혹은 아직 그들에 대한 관심이 부족해서 그런 걸까? 아니면, 관심을 불러일으키기 위한 저런 노력이 쌓이고 쌓인 덕분에 이들이 그나마 현 상태라도 유지하고 있는 것일까? 그렇다면, 이보다 더 나쁠 수도 있었으니 현 상황에 감사해야 할까? 답하기 어려운 질문들이다. 그러나 개선된 사항이 별로 없다는 점은 분명하다. 우리가 현상 유지에서 위안을 찾아야 한다면 그 또한 비참한 일이다. 이 시점에서 그 누구도 그들에게 실질적인 도움이 되지 못했음을 솔직히 인정할 필요가 있어 보인다.

앞서 언급한 모든 서구인 혹은 외지인을 싸잡아 비난하려는 것은 아니다. 그들이 모두 야노마미족으로부터 무언가를 '뜯어냈다'고 말하려는 것도(일부는 실제로 그랬지만) 아니다. 예를 들어 다비 코페나와와 브뤼스 알베르의 공저는 공동 연구의 가능성을 보여주는 고무적인 사례다. 또한 원주민과 함께 일하는 사람들 모두에게 그들을 '구할' 의무가 있다고 생각하지도 않는다. 이는 불가능할뿐더러 교만한 생각이다. 나는 그저 수많은 원주민들이 궁금해하는 점을 대신 묻고 있을 뿐이다. 이 모든 활동에서 원주민들이 정말로 얻는 것이 있을까? 있다 하더라도 한쪽이 훨씬 많이 얻고 있고, '운동장' 자체가 지나치게 기울어진 건 아닐까? 결국 문제는 공정성으로 귀결된다.

2022년 10월, 포르투벨류의 혼도니아 대학교에서 공개 강연이 열렸을 때였다. 아드리아누 카리푸나는 연단에 오르자마자 (대부분 학계 관련자인) 청중을 향해 도발적인 발언을 했다.

> 많은 사람이 원주민을 연구했죠. 하지만 원주민에게
> 돌아오는 건 없었습니다. 제가 말하는 보답은, 공공
> 정책을 말하는 겁니다. 아무것도 없었죠. 아무것도,
> 전혀요. 우리에게 돌아오는 게 없다면 여러분의 석사,

박사 학위가 무슨 의미가 있을까요. 중요한 게 뭡니까?
모든 연구가 중단되어야 한다고 말하는 게 아닙니다.
(…) 하지만 결국 아무것도 없다, 이 말입니다. 수많은
문헌, 박사 논문. 저도 봤습니다… 제가 물어봅니다.
"좋아요. 그런데 마지막에 뭐가 있는지 알려주세요."
아무것도 없습니다. 그럼 우리는 뭐죠? 그저 연구 대상일
뿐인가요? 하나도 변한 게 없습니다.

나는 아드리아누의 논지가 낯설지 않았다. 그의 비판은 스스로 원주민이기도 한 연구자 린다 투히와이 스미스의 중요한 저서 『방법론의 탈식민화: 리서치와 원주민』(Decolonizing Methodologies: Research and Indigenous Peoples)에서 널리 인용되는 문구를 떠올리게 했다. "리서치는 아마도 원주민 세계의 어휘 중에 가장 더러운 단어일 것이다."[66] 정확히 말하면 아드리아누가 언급한 리서치는 원주민 공동체에 무의미한 종류의 연구들이었다. 카리푸나족과 함께하는 내 연구를 중단해야 한다거나 그런 뜻을 암시하지도 않았다. 오히려 발언의 서두에 내 이름을 언급하며 카리푸나족의 역사를 연구하려고 멀리까지 온 나의 '정성'에 감사를 표했다. 그럼에도 불구하고, 그의 발언을 듣고 '나는 예외니까 괜찮아'라고 넘길 수는 없었다. 또, 카리푸나족이 현재 벌이는 투쟁에 내 연구가 과연 보탬이 될지 회의적인 마음이 안 들 수도 없었다.

아드리아누의 동생이자 추장인 안드레 역시 리서치에 관해 형과 생각이 비슷하다. 별다른 이득이 되지 않는다고 여긴다. 내 연구가 장기적으로 카리푸나족과 지역 사회에 이로울 수 있다고 설득하려 할 때마다 안드레는 동의도 반대도 하지 않았다. 다만 짚고 넘어

---

66 ─ Linda Tuhiwai Smith, *Decolonizing Methodologies: Research and Indigenous Peoples* (Zed Books. 2012[1999]), 1.

가는 걸 잊지 않았다. "당신은 많은 걸 배우고 있어요." "당신에게 좋은 일이죠."

　　마음 한구석이 불편한 안드레와 아드리아누의 '지적'에 의기소침해지기도 하지만, 나는 연구를 중단할 생각은 없다. 사실 내 연구는 사전에 잘 짜인 구성이나 일관된 계획이 없는 상태로 시작됐고, 의도나 목표, 기여하는 바도 그다지 뚜렷하지 않았다. 이는 학술 연구에 있어 작지 않은 핸디캡이고, 연구 지원금을 받으려면 반드시 해결해야 할 문제이기도 했다. 그러나 연구의 초점과 범위가 헐거워서 생기는 이점도 있었다. 적어도 나는 내 연구의 목적과 방향에 '적합한' 사람이나 집단, 사건을 찾아서 여기까지 온 것은 아니었다. 완전한 우연은 아니지만 특정한 의도 없이, 막연하게 도움이 되고 싶다는 생각에서 카리푸나족과 조우했고, 어느 시점에서 그들과 함께 무언가를 하기로 결심하면서 시작했다. "삼림 벌채에 맞서는 카리푸나족의 투쟁과 저항"이라는 느슨한 연구 주제도 그 과정에서 나왔고, 나의 '학문적 관심'과 (미약하나마) 카리푸나족에게 '도움이 되는 일'이라는 두 마리 토끼를 잡을 수 있는 주제라고 생각했다. 이 사이에서 균형점을 찾는 것이야말로 내 연구가 직면한 도전이다.

　　학술 연구를 수행해 본 사람이라면 누구나 학계가 순수한 '학문적' 관심사로 이뤄진 세상이 아님을 알 것이다. 학계도 고도로 '상업화'된 아이디어, 개념, 이론이 유통되는 시장이다. 지원금을 받거나 대학에서 자리를 확보하기 위해서는 자신이 연구 '상품'을 최대한 매력 있게, 최첨단으로, '섹시하게' 가공하고 포장해야 한다. 성공의 열쇠를 쥔 평가자들 혹은 동료들에게 어필하려면 참신함은 물론 학계에 공헌하는 바를 선명하게 제시하고 노련하게 설득해야 한다.

　　이런 관점에서 보면 카리푸나족을 대상으로 한 인류학 박사 논문이 아직 한 편도 없는 이유를 알 것 같다. 그들은 규모가 작은 집단이며 "전문 인류학자의 관심을 불러일으킬 만한 것들"은 없고, "결핍의 목록"만 길다.[67] 가령 축제, 의식, 통과의례, 장례, 유물, 공예, 샤머니즘 같은 것들이 부재하거나, 적어도 겉으로는 그렇게 보인다. 예전에 카리푸나족을 연구했던 어느 문화기술지 연구자는 사적인 대화 중에 거침없이 말했다. "그들을 연구하려면 [그들의] 과거에 초점을 맞출 수밖에 없어요. 현재에 초점을 맞추다 보면 흥미롭지도 않고 빈약해지거든요." 이런 견해는 그 사람이 무례해서가 아니라, 다른 연구자들도 공통적으로 한 관찰에 근거한 결론이었다.

인류학자 에두아르두 비베이루스 지카스트루는 현대사회에서 분수령에 선 원주민들의 운명을 "빈곤해지기" 대 "원주민-되기"라는 대조로써 설명한 바 있다. 원주민들이 백인 문화를 모방하려고 할 게 아니라, 충분히 자부할 만한 그들 자신의 세계를 추구하길 바라는 의도에서, 그는 물론 후자를 옹호한다. 그 역시 아마존 원주민들이 과거에 어떻게 생각하고 행동해 왔는지에 기반한 빼어난 연구와 저작들로 학계의 찬사를 얻었다. 그러나 한편에서는 동시대 원주민에 관해서는 많은 것을 말해주지 못하는 그의 이론의 '비정치성'이 비판을 받기도 했다.[68] 이런 비판이 전부 타당하지는 않지만, 여기에 일말의 진실은 있다. 많은 인류학자들이 원주민의 소위 '급진적 타자성'에 관심을 기울인다면 (그러면서 여타 사회적 이슈는 사회학 같은 다른 분야의 연구자에게 넘긴다면) 원주민들은 자신들의 생계에 훨씬 관심이 많다. 딸린 식구를 먹여 살리고, 돈을 벌어 생필품을 마련하고, 날아오는 고지서를 걱정하는 그들에게 인류학자가 운운하는 타자성은 뜬구름 잡거나 배부른 소리로 들린다. 모든 빈곤층의 전형적인 고민을 떠안고 살아가는 원주민이 인류학자들을 하

---

67 — Eduardo Viveiros de Castro, *Araweté. Os deuses canibais* (Jorge Zahar/Anpocs, 1986), 47.
68 — Alcida Rita Ramos, "The Politics of Perspectivism," *Annual Review of Anthropology* 41 (2012): 481-494 참조.

등 도움이 안 되는 성가신 존재로 여기는 이유도 바로 이 간극에 있을 것이다.

이렇게 서로 다른 관점들을 조화시키기란 어렵다. 하나의 해결책으로 제시된 '공동 연구' 방법론도 실천하기는 말처럼 쉽지 않다. 연구의 모든 과정에서 연구하는 자와 연구 대상이 되는 자가 하나부터 열까지 함께 의논하고 결정해 만들어간다는 이론은 이상적으로 들리지만, 후자가 학술적 프로젝트에 관심을 보이는 경우는 드물고, 연구에 참여할 사람을 물색하기도 어렵다. 유의미한 보상이 주어지지 않으면 협력을 요청하는 것 자체가 그들에게 민폐일 뿐이다. 반면, 금전적 보상이 개입되면 상황이 복잡하게 꼬일 가능성이 커진다. 어쩌면 유일한 방법은 연구 대상자가 보내는 신호(혹은 지침)들에 예민하게 반응하면서 연구 과정 전체에 최대한 자연스럽게 협력하도록 유도하는 것이다. 앞서 언급한 린다 투히와이 스미스가 제안한 '마오리족 연구 지침'이 좋은 예다. 이 지침의 세부 사항에 일일이 동의하지는 않지만, 이런 가이드라인을 마련하는 것은 분명히 효과가 있다. 향후 두루 인정받는 마우리족 연구자가 되길 원한다면, 누구라도 이 지침을 진지하게 참고하지 않으면 안 될 것이다.

하지만 나는 여전히 '리서치가 그 대상자에게 이로운가?'에 관해서는 대답을 못 하고 있다. '누가 진실로부터 이익을 얻는가'(연구자가 진실에 근접한 무언가를 밝혀낸다는 전제하에)라고 질문을 바꿔서 던져보면 더 구체적으로 접근할 수 있을까? 그런데 연구자가 밝혀낸 특정한 '진실'이 연구 대상자에게 도움이 안 된다면, 아니 오히려 해가 된다면? 연구자는 그것을 걸러내거나 수정해야 할까? 한다면, 어느 선까지? 이는 연구자가 결정할 사안인가, 연구 대상자가 칼자루를 쥔 문제인가…. 이 모두 답변하기 어렵고 상황에 따라 답이 달라질 질문들이다.

예를 들어 내가 체류하던 혼도니아주의 어느 원주민 부족의 역사와 문화, 친족 관계를 연구해 박사 논문을 쓴 인류학자가 있다. 그의 논문은 역사적으로 또 문화기술지적으로 탄탄한 데이터에 기반해 이 공동체를 '두려움 없는 전사의 후예'로 묘사하는 데 성공했다. 원주민들을 포함해 모두가 이 결과에 아주 만족했다. 그로부터 수년 후, 모종의 사건이 벌어지기 전까지 말이다. 그 부족이 연루된 살인사건이 일어나자 지역 언론들은 그들을 호전적인 '야만인'으로 묘사하기 시작했다. 해당 논문이 이런 부정적인 인식을 강화하는 데 이용되고 있다고 여긴 그 원주민 부족의 리더들은 인류학자에게 논문을 회수해 달라고 촉구했다. 이제 그들은 전사가 아닌, 다른 이미지가 필요했던 것이다.

'진실'의 개념이 점점 상대화되고 모호해지는 '포스트-진실'의 시대에 사는 우리에게는 겸허하고 정직한 태도가 더 중요해 보인다. 어쩌면 모든 수사나 합리화를 일체 포기하고, 리서치가 관련자들에게 유익하다고 절대(!) 장담할 수 없다는 사실을 깨끗이 인정하는 편이 나을 수도 있다. 연구자는 그저 최선을 다할 수 있을 뿐이고, 최소한 해를 끼치지 않기 위해 애쓸 수 있을 뿐이다. 하지만 그조차 정확한 예측도, 확실한 보장도 할 수 없다. 그렇다, 인정하자. 리서치는 해악을 끼칠 수도 있다!

여기까지 '시인'했는데도 상대방이 당신의 연구를 허락한다면, 적어도 정직한 접근은 한 것이다. 물론 연구가 첫발도 떼지 못한 채 표류하거나, 지원금이 물 건너갈 가능성은 확실히 높아질 테다. 인류학 연구는 그렇게 4D 노동으로 전락할 수도 있다. 더럽고(dirty), 어렵고(difficult), 위험할(dangerous)뿐더러, 심지어 욕보는(demeaning) 꼴까지 당할지도 모른다.

피라항족으로 돌아가 보자. 두 명의 피라항족 원주민이 등장하는 인터뷰 영상이 유튜브에 올라와 있다.[69] 한 명은 포르투갈어에 능숙한 아우구스투라는 젊은이고, 다른 한 명은 피라항어만 구사하는 야포헨이라는 중년 남자다. 말도 많고 탈도 많았던 에버렛 박사에 관한 질문이 나오자, 젊은 아우구스투는 이 언어학자를 만나본 적도 없으면서 그에 대한 긍정적이지 않은 견해를 내비쳤다. 반면, 에버렛과 직접 마을에서 살았던 경험이 있는 야포헨은 호의적인 태도를 숨김없이 드러냈다. "우린 댄을 좋아합니다. (…) 사람들이 [그를] 그리워해요." 야포헨의 말은 인터뷰의 전체 맥락에서 다소 생뚱맞거나 동문서답처럼 들리기도 해서, 아우구스투는 물론 질문자들도 그의 말에 크게 주의를 기울이지 않는 듯했다. 하지만 영상을 본 사람이라면, 야포헨과 에버렛 사이의 아직도 사라지지 않은, 사람과 사람을 이어주는 끈끈한 유대감을 어렴풋이나마 느낄 수 있다. 이유는 몰라도, 야포헨은 이 말은 꼭 하고 싶다는 듯 에러벳에 대한 호감이 담긴 언급을 수차례 반복했다. 에버렛이 실존적 측면에서 피라항족에게 어떤 기여를 했는지는 알 수 없지만, 적어도 그와 함께 시간을 보낸 피라항족 사람이 여전히 그를 훈훈한 마음으로 기억하고, 때로는 그리워한다는 점은 틀림없어 보인다. 설사 이런 표현이 상당 부분 피라항족의 너그러움에서 기인한 것이라 해도, 그 반응은 진짜였다. 진실하고, 상호적이며 오래가는 우정이란 결코 쉽게 얻어지지 않는다.

만약 내가 아마존을 떠난 지 수십 년이 흐른 후, 어느 우연한 대화에서 카리푸나족 사람들이 나에 대해 야포헨과 비슷한 말을 해준다면, 나는 평화롭게 눈을 감을 수 있을 것 같다.

---

69 — "A Commentary: A Conversation with Augusto and Yapohen Pirahã," https://www.youtube.com/watch?v=xeEAufXg8fc.

13장
얽힘에는 둘이 필요하다

어느 날 카리푸나족 친구들과 숲에 갔다 돌아와 보니 오른손에 물린 자국이 나 있었다. 그전에도 온갖 벌레에 물려봤지만, 이번에는 느낌이 달랐다. 손이 퉁퉁 부어오르기 시작했다. 마을 사람들에게 물어봐도 아무도 정확히 무엇에게 물린 것인지 말해주지 못했다. 말벌? 전갈? 불개미? 다행히 견딜 수 있는 고통이었고, 숲 한가운데라 병원에 갈 방법도 없었기에 마을 노인들에게 물어보기로 했다. 내심 붓기를 가라앉히는 약초나 나뭇잎 같은 '전통적인' 치료법이 있기를 바라면서. 하지만 내 손의 상태와 물린 자국을 들여다본 한 노인 부부는 알아듣기 힘든 단어만 반복하며 어딘가 가보라는 손짓을 했다. '연기'(fumaça)라는 말처럼 들렸는데 이해가 되지 않았다. 불과 관련된 치료법이나 완화제를 가리키지 않을까 짐작만 했다.

사실 나는 카리푸나족의 언어인 투피-카와이바어는 몇 가지 기본 표현만 익힌 정도에 그쳤고, 소통은 주로 포르투갈어로 했다. 카리푸나족 사람들은 대부분 포르투갈어에 유창했는데, 노인들은 예외였다. 당시만 해도 나는 노인들이 구사하는 포르투갈어 발음을 잘 알아듣지 못했다. 내 귀에는 그들이 'FUNAI'(국립원주민재단)라는 말을 '마늘빵'(Pão de alho)으로, '마을'(aldeia)은 '귀'(orelha)로 발음하는 것처럼 들렸다. 지금은 익숙해져서 그럭저럭 알아들을 수 있지만, 상당한 시간이 걸렸고 여전히 완벽과는 거리가 멀다.

그래서, 내 벌레 물린 손은 어떻게 됐을까? 부기가 수그러들기 시작할 무렵에 이르러서야 나는 노인 부부가 약국(farmácia)에 가보라고 말하고 있었다는 걸 깨달았다. 하지만 정글 한가운데에서 무슨 수로 약국에 간단 말인가? 그곳은 다름 아닌, 보건소에서 마을 언덕에 지어준 간이 의료 시술실에 딸린 약 창고를 말하는 것이었다. 보건소 직원들이 마을을 정기 방문할 때마다 응급처치 약을 조금씩 남겨 놓고 가는 작은 방이었다. 내가 기대했던 '원주민'스러운 치료법과 상관이 없어서 조금은 실망스러웠다.

앞서 6장에서 나는 카리푸나족이 어떻게 숲과 상호의존적인 관계를 맺으며 공존해 왔는지 설명했다. 하지만 삼림 파괴가 가속화하면서 숲과 사람의 얽힘(entanglement)이 점차 '풀리면' 어떤 일이 벌어질까? 얽힘이 사라지면 사람은 아무 의존이 없는 진공상태에 놓여 온전히 홀로 서게 될까? 그렇지 않다. 그들을 얽어매는 또 다른 형태의 속박이 작용하기 시작한다.

한 가지 예가 공중 보건 시스템이다. 다른 원주민과 마찬가지로 카리푸나족에게는 오랜 시간 갈고닦아 온 그들만의 건강 관리 '시스템'이 존재했다. 질병에 효험이 있는 약초에 관한 광범위한 지식이 그 중심을 차지했고, 이것들을 전문적으로 다루는 샤먼의 치유력이 그것을 '임상'에 적용했다. 샤먼이 수행했던 많은 역할 중 가장 중요한 것이 바로 치료와 치유였다. 또, 까다롭고 복잡한 질병의 경우 샤먼은 숲의 정령 미랑가를 불러 치료했다. 샤먼과 정령을 매개로 카리푸나족은 숲과 더욱 깊은 관계를 맺어왔고, 다양한 약초를 통해 생명을 구하고 치유했다. 숲은 그들에게 생명과 죽음, 치유를 모두 선사하는 존재였고, 자연히 그들의 삶은 숲과 분리될 수 없었다. 하지만 샤먼이 하나둘 사라지고 마침내 마지막 샤먼까지 죽으면서 미랑가와의 접촉 역시 끊기게 되었다. 이 모든 일은 백인과의 접촉이 집중적으로 증가한 시기에 벌어졌다.

카리푸나족에게 가장 치명적인 직격타를 날린 것은 백인과의 폭력적인 갈등이 아닌, 접촉으로 인해 발생한 전염병이었다. 원주민들의 면역계에는 홍역, 천연두, 독감 같은 외래 병원균에 맞설 저항력이 전혀 없었다. 남아메리카의 다른 많은 원주민들과 마찬가지로 외래 질병보다 카리푸나족을 더 많이 죽인 것은 없다. 전통적인 치료법은 이런 질병 앞에 무력했다. 백신 같은 '백인의 약'을 사용하기 (혹은 투약을 허용하기) 시작한 시기도 이때였다. 이제 병도 주고 약도 주는 존재는 숲이 아닌 백인이었다.

대부분의 카리푸나족이 전염병 창궐로 초토화된 것은 1970년 대였다. 그로부터 국립원주민재단(FUNAI)의 관리하에 카리푸나족이 질병이나 부상을 다루는 방식이 송두리째 바뀌는 데는 채 20년이 걸리지 않았다. 누군가 심한 병에 걸리면 도시로 이송되었다. 뱀에게 물렸을 때도 마찬가지였다.(도시로 가는 길은 쉽지 않아, 배를 타고 인근 소도시 자시파라나에 도착하는 데만 이틀이 걸렸고, 그다음 포르투벨류까지 도로로 100킬로미터를 더 가야 했다.) 심각하지 않은 질병은 이따금 전통 방식으로 치료할 때도 있었지만 과거에 비하면 훨씬 드물게 이뤄졌다. 출산도 전통식 분만 대신 병원에서 아이를 낳기 시작했다. 실제로 당시 유일한 카리푸나족 성인 여성이었던 카치카가 임신했을 때 그녀는 전통 방식을 따르고 싶어했지만, 그 방법을 알고 도와줄 다른 원주민 성인 여성이 없어 결국 분만할 낌새가 보이자 포르투벨류의 병원으로 옮겨져 출산해야 했다.

그로부터 근 반세기가 지난 현재, 카리푸나족은 거의 전적으로 도시 의료 시스템에 의존해 살아간다. 지역 원주민은 원주민 보건 사무국(Secretaria de Saúde Indígena, SESAI)이라는 의료 기관의 지원을 받는다. 원주민을 전담하는 이 기관은 각 마을에 사는 원주민들의 건강을 책임지는데, 포르투벨류에 있는 본부는 최대 20개의 서로 다른 부족에서 온 환자와 간병인으로 항상 북적인다. SESAI 의료 센터는 본격적인 병원은 아니며, 조금이라도 복잡한 치료가 요구되는 환자가 전문 병원으로 배정될 때까지 연결해 주는 역할을 담당한다.

SESAI에 대한 수요 급등은 이 지역 원주민 사회에서 관찰되는 두 가지 뚜렷한 추세를 반영한다. 첫째, 현대 의학에 대한 의존도가 높아지는 대신 전통 의학 활용도는 감소하고 있다. 이런 추세의 정도는 각 집단에 따라 다르다. 카리푸나족의 경우 일부 노년층은 전통 치료법을 상당 부분 기억하지만, 실제 질병 치료에는 거의 사용되지 않는다. 둘째, 원주민들이 전체적으로 과거보다 자주, 더 심각한 성인병에 걸린다. 예전에는 알지 못하던 소위 현대인의 질병들이 늘어나고 있다. 이는 많은 부분 원주민들의 급격한 생활 방식 변화—설탕이나 소금 같은 가공식품 과다섭취, 알코올 중독, 좌식 생활 증가 등—에 기인한다. 식단 역시 이렇게 얽힌 관계의 전환이 엿보이는 영역이다. 야생 동식물로 가득했던 전통 식단은 빠른 속도로 서양식 또는 브라질식 식단으로 바뀌고 있다. 수십 년 전에는 맛도 몰랐던 커피, 빵, 우유, 주스, 파스타, 콩, 닭고기, 달걀, 기타 가공식품들이 이제는 빠질 수 없는 주 식재료가 되었다.

현대 의료 시스템에 대한 이런 의존성도 얽힘으로 설명할 수 있다. 공공의료 서비스는 사설 서비스 비용을 감당할 수 없는 이들에게 사실상 유일한 선택지가 되었다. 마을까지 연결되는 대중교통이 없고 스스로 도시에 갈 수단도 없는 원주민들은 SESAI가 제공하는 이동 수단에 전적으로 기대야 한다. 하지만 병원을 이용하려는 사람들이 워낙 많아서 예약이나 자리 확보가 무척 어렵다. 때로는 몇 달씩 걸리기도 한다. 대개 막판에 일방적으로 통보받는 병원의 예약 시스템은 마을 사람들의 일상을 좌지우지한다. 가령 진료 전날 "내일 오전 픽업 차량이 갑니다"라는 메시지가 오는 식이다. 그러면 다른 모든 계획은 미루고 조정해야 한다. 다른 선택지가 없으니 싫든 좋든 이 패턴을 따를 수밖에 없다.

절멸 위기에 처한 원주민 세계가 압도적인 주변 사회에 흡수되고 열악한 공공서비스에 속박되는 일…. 그저 익숙한 이야기로 들릴지도 모르겠다. 브라질 언론인 엘리아니 브룸은 이 현상을 설명하기 위해 독특한 표현을 사용한다. 그녀는 숲뿐 아니라 사람도 '벌채'(desmatamento)될 수 있다고 말한다. 즉 벌채하는 사람이 있으면, 벌채당하는 사람도 있다는 것이다. 얽힘의 관점에서 바라보면,

벌채되어 숲과의 관계에서 '풀려난' 원주민은 다른 시스템에 '얽히는' 셈이다. 우리는 이 현상의 다중적인 차원들에 주의를 기울일 필요가 있다. 원주민 세계가 전부 숲에서 풀려나는 것은 아니다. 놀라운 회복력을 가진 차원도 있다. 얼핏 보기에 그들은 수용과 적응을 택한 듯하지만, 더 깊이 들여다보면 우리가 속한 단일 세계에 단순히 '동화'되거나 속수무책으로 '함몰'되고 있지 않다. 드러나지 않는 측면이 많을지 몰라도 (급진적) 타자성은 여전히 잠재하며, 순간적으로 출몰한다.

내가 아리파 할아버지로부터 예기치 않은 놀라운 이야기를 들은 곳은 현지에서 악명 높기로 유명한 주앙 파울루 병원이었다. 포르투벨류 남쪽에 위치한 이 병원은 응급 및 중증 환자를 치료하는 곳이다. 끝 모를 대기, 불친절한 직원, 환자 보호자를 위한 기본 인프라 부재, 부실한 급식 등이 불만 사항의 수위를 차지하지만, 가장 끔찍한 건 "지옥을 엿볼 수 있다"고 알려진 응급실이다. 피투성이 대기 환자들이 여기저기 널브러진 복도, 사방에서 울려 퍼지는 신음과 비명, 많은 사람이 목격했거나 소문으로 전하는 응급실 풍경은 단테의 지옥을 연상시켰다. 반면, 내가 만난 의료 공무원들은 전 세계에서 이런 의료 서비스를 무상 제공하는 몇 안 되는 나라에서 태어난 브라질인들은 국가에 감사해야 한다고 반박했다.

  아리파 할아버지는 오래 전에 신장결석 진단을 받았다. 당장 심각한 상태는 아니었지만 통증을 느낀 지 몇 년이 흘렀고, 마침내 SESAI가 수술을 받을 기회를 확보한 것이다. 아무 병원에서나 할 수 있는 수술이 아니었고, 수술 전에 이런저런 검사도 받아야 했다. 아리파는 매우 지쳐 있었다. 이미 SESAI에서 오랫동안 대기했고, 이제 겨우 주앙 파울루 병원까지 왔지만 수술 날짜도 정해지지 않은 채

무작정 병상에서 기다려야 했다. 병원 측에서는 의사의 추가 지시가 있을 때까지 그저 "안정을 취하며 기다려라"는 말 외에는 설명이 없었다. 아리파가 침대에 꼼짝없이 묶인 신세가 되자 그의 가족들도 덩달아 병원에 묶여버렸다. 아리파는 일흔이 넘은 노인이었고, 그의 포르투갈어는 의료진이 알아듣기 어려워서 입원해 있는 동안 보호자의 동반이 필수적이었다.

처음에는 아들 바치치가 아버지 곁을 지켰다. 하지만 수술을 기다리는 시간이 길어지자 그도 계속 병원에만 붙어있을 수 없었다. 딸린 자식만 아홉(지금은 열!)이었다. 도움을 청할 사람이라곤 조카인 카를루스밖에 없었다. 결국 바치치와 카를루스 둘이서 번갈아 병원에 오기 시작했다. 몇 주가 흐르고 녹초가 된 두 사람은 일상으로 돌아가기를 간절히 바랐다. 그러던 어느 날, 아무도 병원에 갈 수 없는 상황이 생기자 마침 도시에 도착한 내가 '발탁'되었다. 가족이어야 들어갈 수 있지 않느냐고 내가 묻자, 가족이 동의하고 신원을 보증하면 괜찮다고 하기에 흔쾌히 수락했다.

다음 날, 아리파와 30시간 이상 병원에 머물며(그 후에도 몇 번 간병을 도우며) 나는 원주민 환자의 삶을 엿볼 수 있었다. 사실 아리파와 같은 문제를 겪는 다른 카리푸나족 원주민도 그의 전철을 밟을 확률이 높다. 아리파의 경우 신장결석의 원인이 명확하지 않았다. 그는 나이에 비해 매우 건강하고 활동적인 사람이었다. 몇 시간이고 숲을 거닐며 사냥을 한 후 마을로 돌아오곤 했고, 따가운 햇볕 아래 텃밭에서 일했다.(심지어 그는 퇴원 후 숲에 도착한 바로 다음 날부터, 안정을 취하라는 의사의 경고를 무시하고 곧바로 사냥을 떠났다!) SESAI의 여러 간호사와 의료진은 원주민들이 염분 섭취가 과다하고, 물을 적게 마시는 것이 신장결석의 주요 원인 중 하나라고 설명했다. 병원에서 내가 맡은 역할 중 하나는 그의 물병이 가득히 유지되도록 물을 채우는 것이었다. 누군가 물을 많이 마셔야 한다고 일러줬는지 적어도 병원에서의 아리파는 거의 매시간 화장실에 갈 정도 물을 많이 마셨다.

　　옆에서 지켜보니 그가 지루해하는 모습이 역력했다. 억지로 눈을 붙여보기도 했지만 곧 잠에서 깼다. 침상에서 할 일이라곤 아무것도 없었다. 텔레비전도 없고, 라디오도 없고, 책도 없었다. 가끔 말을 걸어봤지만 대화에 큰 흥미를 보이지 않았다. 천정이나 작은 창문을 응시할 뿐이었다. 식사 시간이 되자 그는 음식에 대해 불평했다. 수프와 빵, 컵케이크만 입에 대고, 식욕이 없는지 나머지는 조금 먹다 말았다. 자신은 삶은 고기는 질색이며, 구운 고기를 좋아한다고 했다. 남은 음식을 몽땅 버려야 했는데, 쓰레기통을 보니 다른 환자들도 식사를 즐긴 것 같지 않았다. 병원에 대한 혹평이 다시 떠올랐다.

　　오후가 되자 기분이 조금 나아졌는지 아리파는 내게 이런저런 이야기를 들려주기 시작했다. 이미 들어본 이야기도 있었지만, 나는 모두 처음 듣는 척했다. 그러다 어느 순간 우리는 카리푸나족 샤먼에 대해 이야기하고 있었다. 내가 물었다.

"아바가주(아리파의 죽은 사촌)는 샤먼인가요?"
"응, 약간. 나도 약간 샤먼이지. 카이푸도 약간 샤먼이고. 내 사촌, 리타의 남편 치우도 약간 샤먼. 모두가 그래. 내 형도 약간 샤먼이야. 내 삼촌도. 다 샤먼이야."
"바치치는 어때요?"
"아니지. 그 애는 샤먼이 아니야."
"샤먼이 되는 법을 가르칠 수도 있나요?"
"그럼. 난 할아버지가 가르쳐줬지."

그러고 나서 그는 덧붙였다.

"나는 따뻬르를 봐. 페커리도. [그 동물들은] 나한테 말을 걸어… 따뻬르도. 따뻬르는 나랑 춤을 춰. 나도 따뻬르랑 춤을 추고. 난 춤을 춰, 따뻬르도 추고. 재규어도. 천둥도.
뱀도. 모든 게 영혼이야. 정령."

한마디 한마디 경청하고 있었지만 죄다 초현실적으로 들렸다. 대체 그는 무슨 말을 하고 싶은 걸까?

"그런데 따뻬르랑 어떻게 말을 해요?"
"사람하고 하는 거랑 같지. 천둥하고도 해 (…) 얘기를
잘하면 사냥도 잘해. 사냥하기 전에 얘기를 해야 해.
그래서 난 얘길 많이 해야 해."

아리파와의 대화가 이어지면서 그가 말하는 자연적 존재와의 상호작용들이 꿈에서 일어나는 일임을 깨달았다. 하지만 낮에 숲을 헤치며 사냥할 동물을 찾을 때도 일어날 수 있었다. 그에 따르면 이런 현상은 일상적인 꿈이 아니라, 오몽거(omongó)라고 부르는 특별한 '꿈-기술'을 사용할 때 이뤄진다.

투피-카와이바어로 '오몽거'는 무언가를 '매달아' 둔다는 뜻이다. 마치 소를 밧줄로 묶듯이, 수월한 사냥을 위해 보이지 않는 줄로 동물을 얽어매서 잡기 편하게 준비시키는 꿈속 테크닉이라고 한다. 원하는 동물을 '오몽거'하려면 꿈에서 특정한 의식을 수행해야 하고, 그러려면 샤먼의 힘을 지녀야, 즉 이파지여야 한다. 일반적으로 샤먼은 모두 이파지이지만, 제대로 된 샤먼이 아닌 다른 원주민들도 이런 힘을 조금은 보유할 수 있다.[70] 따뻬르에 관해서만 이파지인 사람이 있고, 페커리에 한해서만 이파지인 사람도 있다. 말하자면 각자 '전공'이 있는 셈이다. 진짜 샤먼은 모든 동물에 정통한, 일종의 제너럴리스트에 해당한다.

70 — 이 책 54-55쪽 참조.

아리파는 그저 약간 샤먼일 뿐이지만 그래도 꽤 많은 기술을 알고 있었다. 그는 따뻬르와 춤추는 법 외에도 뱀이 사는 곳도 알았고, 재규어의 집과 페커리의 집이 어디인지도 안다고 했다. 먼저, 따뻬르를 오몽거하는 방법부터 정리해 보자.

> 당신은 샤먼이다. 그리고 나는 따뻬르 사냥에 운이 따르지 않고 있어서, 당신의 도움이 필요하다. 꿈에서 당신은 따뻬르의 집을 찾아간다. 따뻬르의 길을 따라간다. 강으로 들어가 뱀을 지나친다. 물밑에 다다르면, 따뻬르의 집인 부리치(야자나무의 일종) 숲에 도착한다. 그곳에는 멀리 진흙도 보이고, 따뻬르-매가 지저귀는 소리도 들린다. 해먹에 누워서 쉬던 따뻬르는, 당신을 맞이해 부리치 주스를 건넬 것이다. 덩치가 큰 따뻬르는 부리치 씨앗을 삼킬 수 있지만, 당신은 절대 그럴 수 없다. 그래서 주스를 마시는 척하면서 몰래 씨앗을 뱉어내야 한다. 따뻬르 앞에서 씨앗을 뱉으면 화를 낼 테니 주의해야 한다. 이 시험을 통과하면 당신은 따뻬르와 함께 춤을 춘다. 나란히 서서 팔이 얽힌 상태로 스텝을 밟는다. 그렇게 한참 춤을 추면, 어느 순간 따뻬르는 당신이 자신을 죽일 거란 사실을 깨닫고 구슬픈 노래를 부르기 시작한다. 그렇게 오몽거는 마무리된다. 따뻬르는 이제 현실에서 당신이 사냥할 수 있도록 오몽거된(묶인) 상태다.

다음은 페커리 차례다.

> 이제 당신은 페커리를 사냥하길 원한다. 샤먼은 꿈에서 페커리 집이 있는 하늘로 올라간다. 페커리들은 커다란

바위로 만든 집에 살고, 거기에는 문이 달려 있다. 샤먼은 페커리의 냄새(catinga)가 자신의 몸에 배지 않도록 힘을 최대한 써야 한다. 힘이 충분하지 않은 샤먼이 페커리를 오몽거하려고 들면, 냄새에 섞인 강한 독 때문에 [꿈에서] 깨어났을 때 죽을 수도 있다. 냄새가 배지 않고 깨어났을 때 복통을 느끼지 않도록 자신을 '밀봉'해야 한다. 페커리의 바위 집에 도착하면 문 옆에 재규어가 도사리고 있을 것이다. 먼저 재규어를 겁줘서 쫓아낸 다음, 큰 소리로 '페커리들아, 나오너라!' 하고 외친다. 페커리들이 하나둘씩 나오면 당신은 그들과 춤을 춘다. 춤을 추면서 눈치채지 못하게 그들의 등 털을 조금씩 잘라야 한다. 그렇게 한 명씩, 죽일 페커리들을 표시한다. 그들 모르게 은밀하고 재빠르게 해치워야 한다. 이 표식들은 실제로 페커리를 죽이면 눈으로 확인할 수 있다. 잠시 후면 재규어가 돌아와 페커리들을 놀래켜 집 안으로 우르르 들어가 문을 닫을 테니, 그 전에 오몽거를 마쳐야 한다.

아리파에 따르면 다른 동물들도 오몽거할 수 있다. 사슴, 재규어… 심지어 백인도 할 수 있다. 원리는 대동소이하다. 꿈속 행위를 통해 현실에서 사냥이 쉬워지도록 준비를 시키는 것이다. 그의 설명을 한참 듣다가 가장 궁금했던 점을 물었다.

"그런데 아직도 오몽거를 하시나요?"
"물론이지! 페커리가 거기(마을 근처)에 있는 건 다 내가 오몽거를 해놔서 그래."

어딘가 안심이 되는 말이었다. 그런데 잠시 후 아리파가 한 말은 걱정을 자아냈다.

> "예전에는 아바가주가 우리를 위해 오몽거를 했어. 그가
> 죽자 페커리들이 오지 않았지. 한참 동안 말야. 그 이후에
> 내가 다시 오몽거를 하니까 페커리들이 돌아왔어.
> 내가 죽으면 똑같은 일이 벌어질 거야. [페커리들은] 다
> 가버리겠지."

아리파 뒤편 벽에는 환자 카드가 걸려 있었다. 카드에 적힌 그의 이름도 틀렸고, 나이도 76세로 되어 있었지만 정확한 정보가 아닐 수 있다. 앞서 언급한 여러 환경 변화 탓에 원주민의 기대 수명이 빠르게 줄고 있다는 한 SESAI 간호사의 말이 떠오르며, 아리파의 말이 한층 심각하게 다가왔다. 당장은 아니겠지만, 그가 떠나버리면… 이 모든 것은 어떻게 될까?

밤이 되자 아리파는 잠자리에 들 준비를 시작했다. 같은 병실을 쓰는 열 명 남짓한 다른 환자들과 보호자들도 마찬가지였다. 곧 소등을 할 참이었지만 나는 어쩔 줄 모르고 있었다. 병원에 관한 소문은 사실이었다. 병실에는 보호자가 앉을 의자 하나조차 보이지 않았다. 다행히 한 간병인이 나의 난처함을 알아차리고 친절하게도 여분의 시트를 나눠줬지만, 병실 안에는 누울 자리도 마땅치 않았다. 병실 바깥의 다른 공간이나 벤치를 찾아봐도 앉아서 쉴 만한 자리는 모두 누군가 차지하고 있었다. 그나마 조금이라도 여유가 있는 공간은 복도뿐이었다. 아직 병실을 배정받지 못해 복도에 대기 중인 환자들의 이동식 침대들 사이로 작은 틈이 보였다. 그 밑으로 기어들어 가니 적어도 천장의 형광등 빛은 피할 수 있었고, 지나가는 사람들의 발

에도 차이지 않을 것 같았다.

　　11시 반. 차가운 시멘트 바닥에 얇은 시트를 깔고 누워 잠을 청해 봤지만 피곤하기만 할 뿐 졸음은 오지 않았다. 추측건대 공공 의료에 의존하는 수많은 브라질 사람들에게 이런 작은 불편쯤은 일상다반사일 것이다. 나는 몸을 이리저리 뒤척이며 아리파가 들려준 이야기를 회상했다. 그가 따삐르와 춤을 추고, 페커리의 등 털을 몰래 자르고, 폭풍우와 대화하는 모습… 아리파의 자리에 나도 한번 넣어 그려보았다. 말 그대로 팔과 팔이 얽히고, 모두가 정령이 되어 춤을 추는, 인간이 삶의 터전과 분리되지 않은 채 숲의 존재들과 하나가 된 이미지를.

　　이 커다란 병원에서 그저 평범한 환자로 보이는 한 노인이 이토록 풍요로운 세계를 품고 있다고 누가 상상이나 할까? 이 많은 이들 중 그 누구도, 아무리 황당무계한 꿈에서도, 그렇게 많은 야수들과 정기적으로 춤추는 사람은 없을 것이다. 나는 아리파와 수차례 숲을 동행했지만 그가 지니고 있었던 이 또 다른 차원의 숲은 전혀 알아차리지 못했다. 이를 간과한 채 나는 '카리푸나족은 고유의 문화를 잃고 동화되었으며, 현대적인 시스템에 크게 의존하고 있다'고 결론을 내릴 뻔한 것이다.

　　하지만 아리파가 간직한 이 세계가 급속도로 과거가 되어가고 있는 것도 엄연한 사실이다. 카리푸나족 노인들이 세상을 떠나면 어떤 일이 벌어질까? 아리파는 자기 아들도, 손자들도 자신이 지닌 지식을 알려고 하지 않는다고 푸념 조로 말한 적이 있다. 모두들 하루하루의 일상도 살아내기에 벅찬 형편이니, 그런 지식을 배울 여유나 여력이 있는 사람 자체가 없어 보인다. 게다가 아리파는 이 모든 걸 제대로 가르칠 '자격을 갖춘' 정식 샤먼도 아니었다. 그저 약간 샤먼일 뿐이다.

　　아직까지 아리파는 꿈의 안과 바깥 모두에서 그가 아는 세계를 재연(enact)하고, 또 만들어가고 있다. 하지만 극적인 변화가 없는 이상, 그 세계는 서서히 한쪽으로 스러질 것이다. 오늘처럼 이따금 밖으로, 혹은 외부인에게로 '흘러' 넘칠 수도 있지만, 그 세계는 점점 더 꿈의 영역 안쪽으로 깊숙이 물러날 것이다. 이렇게 우연히 병원에 '갇혀서' 나와 하루를 보내지 않았다면, 그가 내밀히 간직한 세계에 관한 이야기를 언제, 누구에게 이렇게 자세히 들려줄 수 있었을까?

오늘 나는 후퇴하는 세상을 보았다. 천천히 닫히고 있는 하나의 세계를. 오노 요코의 말이 떠올랐다. "혼자 꾸는 꿈은 꿈일 뿐이지만 함께 꾸는 꿈은 현실이다." 단 한 사람만, 아리파의 춤에 화답할 수 있다면, 그 세계는 계속 현실일 것이다. 필요한 건 그 한 사람이다.

나는 노트를 꺼내 스케치를 시작했다.

오늘 하루는, 아니 오늘 밤은 여기까지.

맺음말

중고교 시절에 배운 국사에 따르면, 우리는 5천 년간 끊임없는 외세의 침략을 받아가며 독립을 지켜온 반면, 먼저 남을 침략한 적은 없는 생명력 강한 평화주의자들이다. 엄밀히 말하면 외침을 한 경우도 아예 없진 않았으나, 당한 횟수보다는 훨씬 적었던 듯하다. 이와 비슷한 이야기를, 지구 반대편의 아마존 원주민들에게서 들을 줄은 몰랐다. 카리푸나족 원로들에게 그들의 과거 이야기를 청해 듣다 보면, 침략과 학살, 약탈로 점철된 피의 역사에 마음이 무거워지다가도, 그들의 낙천적인 태도 앞에서 숙연해지곤 했다. 스스로를 늘 약소국 국민으로 인식하는 우리처럼, 카리푸나족 역시 그들이 소수라는 점을 자주 강조했다. 그래서 간혹 복수의 전투를 치르긴 했어도 주로 당하는 쪽이었다. 처음부터 '쪽수'가 적었던 것은 아니고, 초창기에 크게 번성했다가 점차 줄어들어 현 상태에 이르렀다고 한다. 양적으로만 보자면, 길고 완만한 쇠퇴기가 지금까지 이어지고 있는 셈이다.

사실, 인구 5천만의 경제 대국 한국과, 전부 합쳐야 100명도 안 되는 원주민 부족을 비교하는 것은 말이 안 된다. 그럼에도 불구하고, 나는 둘을 나란히 놓고 상상하기를 그칠 수 없다. 만약 내가 어느 날, '한민족'으로 태어났는데, 전 세계에 나와 같은 정체성을 가진 이가 열 명도 채 안 된다면, 대체 그 기분, 그 감각이란 어떤 것일까? 상대적으로 부유한 주권국가에서 5천만 명 이상이 북적대며 사는데도 '인구 절벽이 온다!'며 소란을 떠는 우리로서는 상상하기도 어려운 감각이다. 바로 그 감각을 회복하고자, 아니 간접적으로나마 경험할 필요가 있다는 생각에서 『언월딩』을 구상하기 시작했다.

세상의 끝, 절멸의 문턱까지 갔다가 살아 돌아온다는 것은 어떤 것일지, 세계가 허물어져 본다는 것, 여전히 허물어지는 과정에 있다는 것, 폐허에서 새로운 세계를 재건한다는 건 어떤 걸지… 이런 생각들에 잠기다 보면, 정작 허물어져야 마땅할 세상은 너무도 굳건하고 도도한데, 지키고 싶은 세상은 한없이 작고 취약하기만 한 냉혹한 현실 앞에 무력감이 엄습한다. 카리푸나족은 후자, 즉 작고도 취약한 세계의 전형처럼 보인다. 그러나 내가 직접 겪어본 그들은 소수이긴 해도 무력해 보이지는 않았다. 저항이 삶의 일부가 되어서 그런 인상을 주는 걸까.

지금 그들 앞에 놓인 최대의 도전은, 선조로부터 물려받은 결코 작지 않은, 제주도보다 조금 작은 크기의 숲을 지키는 것이다. 이 세상에서 유일하게 그들의 존재를 작지 않게, 또 사라지지 않게 해주는 버팀목, 아니 '버팀숲'을 위해, 그들 역시 꿋꿋이 버티는 것으로 화답하고 있다. 온갖 고초, 멸시 그리고 유혹에도 불구하고 말이다. 그들의 투쟁은 아마존과 아무 상관없이 산다고 여기는 먼 나라 사람들에게도 유의미하다. 저명한 기후학자 카를루스 노브레는 아마존 우림의 20퍼센트 이상이 파괴되면 비가역적인 급변점(tipping point)을 넘어설 거라고 경고한다. 그렇게 되면 숲의 기후 위기 대처 능력은 상실되고, 지구 가열은 더 가속화된다. 벌써 약 17퍼센트가 파괴되었으니, 원주민들 덕에 나머지 숲과 그 안의 모든 동식물들이 버티고 있다는 건, 그 자체만으로도 인류 보편에 커다란 기여이다.

카리푸나족이 만들어나가는 서사는 슬프고 비참하지만도 않고, 골리앗을 물리친 다윗 신화나 영화 「아바타」에 나올 법한, 자연과 하나가 된 원주민 전사의 영웅담도 아니다. 때로는 상상했던 원주민의 모습과 거리가 먼, 우리와 너무도 닮은 모습에 당혹스럽기도 하다. 그러나 "세상 어디나 사람 사는 건 마찬가지군"이라 단정 지을라치면, 전혀 예기치 못한 곳에서 고유한 '타자성'이 불쑥 튀어나오기도 한다. 한마디로, 내가 찾고자 했던 인간, 국가, 자본, 합리성,

근대성, 서구의 바깥은… 있지도, 없지도 않았다. 그런 '외부'와 부분적으로 관련된, 포착될 듯 말 듯한 연속성들이 있을 뿐이었다. 인류학자 메릴린 스트래선이라면, "그게 바로 내가 말한 '부분적인 연결들'"이라고 했으리라. 그녀는 이를 부분이나 파편이라고 명명하지 않았다. 온전한 전체라는 걸 전제하지 않기 때문이다. '카리푸나족' 역시 더 상위의 집단(가령, 투피-카와이바족)의 부분이나 파편으로 환원될 수 없으며, 그들 자체도 하나의 전체로 파악되지 않는다. 편의상 단일 부족처럼 부르지만, 엄밀한 의미에서 이는 유동적이고 가변적인 테두리일 뿐, 인종적으로나 친족 관계로 보나 다양한 배경의 사람들이 드나들고 섞여 사는, 규정하기 힘든 공동체이다. 작은 공동체 하나가 이럴진대, 이들의 사례를 모든 원주민들로 일반화할 수 없음은 물론이다.

    카리푸나족에 관해 내가 들려준 이야기가 전체의 일부가 아닌, 부분적인 연결이라면, 그 관계는 또한 나라는 관찰자를 떠나 존재할 수 없다. 내가 보고 들은 모든 것 역시 관계 맺기로 생성됐기 때문이다. 그런 면에서, 모든 이야기는 '타인에 관한 나의 이야기'이자 '나에 관한 타인의 이야기'다.[1] 그렇다면 더더욱, 이 책이 행여나 원주민들에 관한 또 다른 일반화나 피상성을 낳지 않을지 염려되지 않을 수 없다. 여기서 나는 다시, 이타카를 떠올린다. 긴 모험을 마치고 마침내 이타카에 귀환한 오디세우스를 기다린 건, 가족에게 이야기보따리를 풀 안락한 시간이 아니었다. 자신의 공백을 메운 온갖 혼란을 일소하기 위해 치러야 할 또 다른 전투였다. 내가 카리푸나족 그리고 아마존과 맺은 관계 역시, 집에 돌아온 나를 평온하게 내버려두지 않았다. 대신, 지금도 나를 신경 쓰이게, 한숨 쉬게, 때론 잠 못 이루게 만든다. 오디세이 같은 '해피엔드'도 없이, 이 이야기는 완결을

---

1 ─ 클라리시 리스펙토르 소설의 한국어판 제목을 바꿔 씀. 『나에 관한 너의 이야기』(A Hora da Estrela), 추미옥 옮김(이룸, 2007).

모르고 끝없이 이어지기만 한다. 얽힘이란 그렇게 우리의 질긴 참여를 요구한다. 그리고 그게 맞다. 적어도 사람과 숲의 저항이 계속되는 한, 누군가는 또 얽혀야 한다.

이 책은 학위 논문을 쓰는 과정에서 쓴 일부 단락들, 또는 누락된 에세이들을 모으고 추려 재구성한 원고들로 이뤄졌기에 영문에서 한글로 번역해야 했다. 번역과 편집을 함께 해준 편집자에게 감사의 마음을 전한다. 물론, 가장 깊은 감사의 말은 카리푸나족 사람들에게 돌아가야 마땅하다. 이 책이 포르투갈어로 번역되지 않는 한 직접 읽어보지 못할 것이기에, 그들의 투쟁에 도움이 되려는 시도를 멈추지 않는 것이야말로 그들에게 보답하는 유일한 길일 것이다.

참고 문헌

Arnaiz Villena, Antonio et al. "The Origin of Amerindians and the Peopling of the Americas According to HLA Genes: Admixture with Asian and Pacific People." *Curr Genomics*, 11(2) (April 2010): 103–114.

Balée, William and Anne Gély. "Managed Forest Succession in Amazonia: The Ka'apor Case." *Advances in Economic Botany*, vol. 7 (1989): 129–158.

Becerra-Valdivia, Lorena and Thomas Higham. "The Timing and Effect of the Earliest Human Arrivals in North America." *Nature*, 584 (2020): 93–97.

Blaser, Mario. *Storytelling Globalization from the Chaco and Beyond*. Duke University Press, 2010.

Brand, Ulrich and Markus Wissen. *The Imperial Mode of Living: Everyday Life and the Ecological Crisis of Capitalism*. Verso, 2017.

Brum, Eliane, *Banzeiro Òkòtó: The Amazon as the Center of the World*. Translated by Diane Whitty. Graywolf Press, 2023.

Burnham, Robyn J. and Kirk R. Johnson. "South American Palaeobotany and the Origins of Neotropical Rainforests." *Philosophical Transactions of the Royal Society*, vol. 359, Issue 1450 (October 2004): 1595–1610.

de la Cadena, Marisol and Mario Blaser, eds. *A World of Many Worlds*. Duke University Press, 2018.

Calafate, Pedro. "The Rights of the Indigenous Peoples of Brazil: Historical Development and Constitutional Acknowledgment." *International Journal on Minority and Group Rights*, vol. 25, no. 2 (2018): 183–209.

Clastres, Pierre. *Society against the State: Essays in*

Political Anthropology. Zone books, 1987 [1974].

Costa Silva, Ricardo Gilson da et al. "Fronteira, direitos humanos e territórios tradicionais em Rondônia (Amazônia Brasileira)." *Revista de geografía Norte Grande*, 77 (2020): 253–271.

Danowski, Deborah and Eduardo Viveiros de Castro. *The Ends of the Worlds*. Polity Press, 2016.

Denevan, William M. "The Pristine Myth: The Landscape of the Americas in 1492." *Annals of the Association of American Geographers*, 82 (3) (1992): 369–385.

Foucault, Michel. *Society Must Be Defended*. Picador, 2003.

Heckenberger, Michael J. et al., "Amazonia 1492: Pristine Forest or Cultural Parkland?" *Science*, 301 (2003): 1710–1714.

Hill, Jonathan D. *Rethinking History and Myth: Indigenous South American Perspectives on the Past*. University of Illinois Press, 1988.

Hinton, Alexander L. *Annihilating Difference: The Anthropology of Genocide*. University of California Press, 2002.

Karipuna, Adriano. *Da floresta para o mundo*. eBook Kindle. 2021.

Kärki, Kaisa. "Not Doings as Resistance," *Philosophy of the Social Sciences*, vol. 48, no. 4 (2018): 364–384.

Kirksey, Eben. *Freedom in Entangled Worlds: West Papua and the Architecture of Global Power*. Duke University press, 2012.

Kopenawa, Davi and Bruce Albert. *The Falling Sky: Words of a Yanomami Shaman*. Harvard University Press, 2013.

Lathrap, Donald. *The Upper Amazon*. Praeger Publishers, 1970.

Latour, Bruno. "To Modernize or to Ecologize? That's the

Question." In *Remaking Reality: Nature at the Millenium*. Edited by Noel Castree and Willems-Braun, 221–242. Routledge, 1998.

Law, John. "What's Wrong with a One-World World." *Distinktion: Journal of Social Theory*, vol. 16, issue 1 (2015): 126–139.

Lave, Jean and Etienne Wenger. *Situated Learning: Legitimate Peripheral Participation*. Cambridge University Press, 1991.

Lima, Tânia Stolze. "The Two and Its Many: Reflections on Perspectivism in a Tupi Cosmology." *Ethnos*, vol. 64, no. 1 (1999): 107–131

Mann, Charles. "Earthmovers of the Amazon." *Science*, 287 (2000): 786–789.

Moore, Jason. *Capitalism in the Web of Life: Ecology and the Accumulation of Capital*. Verso, 2015.

Nadasdy, Paul. "Transcending the Debate over the Ecologically Noble Indian: Indigenous Peoples and Environmentalism." *Ethnohistory*, 52 (2) (2005): 291–331.

Ødemark, John, "Indigenous Eschatology and Global Sustainability: Translating a Juruna Tale from Xingu." In *The Sociology of Translation and the Politics of Sustainability*. Edited by John Ødemark et al., 190–222. Routledge, 2024.

Ramos, Alcida Rita. "The Politics of Perspectivism." *Annual Review of Anthropology*, 41 (2012): 481–494.

Smith, L. Tuhiwai, *Decolonizing Methodologies: Research and Indigenous Peoples*. Zed Books, 2012 [1999].

Smith, Graham. *Abolish the Monarchy: Why We Should and How We Will*. Transworld Publishers Ltd., 2023 [1999].

Viveiros de Castro, Eduardo. *Araweté. Os deuses canibais*. Jorge Zahar/Anpocs, 1986.

이동시 총서.
우리에게는 기후 위기를 헤쳐 나갈 이야기가 필요하기에,
인간은 여전히 동물에 관해 질문하는 법을 모르기에, 지구와
시의 생태계에 벌어진 일들이 다르지 않기에, 이야기와
동물과 시의 이름으로 책을 펴냅니다.

김한민.
작가. 창작 집단 '이동시'의 일원으로 활동하며 『비수기의
전문가들』, 『착한 척은 지겨워』 등의 책을 쓰고 그렸다.
현재 리스본 고등사회과학연구원(ISCTE) 박사과정에서
인류학을 공부하고 있다.